ブラック企業から残業代を取り戻す

若者の逆襲

横山祐太
yokoyama yuta

花伝社

ブラック企業から残業代を取り戻す——若者の逆襲◆目　次

第1章　ブラック不動産勤務・私の体験

第2章　残業代を勝ち取る!!

第３章　ブラックスーパー勤務・K氏の体験

はじめに

この本は文字通り、ブラック企業から残業代を取り戻すための体験談を記したものです。読者対象はアルバイトやパートタイムの労働者を含む全ての働く人々になっています。労働状況は人それぞれですが、本書を読めば、誰でも、自分で、未払い残業代の請求をしようという気持ちになると思います。

本書は５つの章によって構成されています。

第１章では、著者が実際に勤めていた「ブラック不動産」を紹介します。月の平均残業時間は１５０時間前後、いきなり痙攣して倒れる社員がいる企業をあなたは想像出来ますか？ それなのに残業代は月に４万円程度しか支給されません（月の推定残業代は20万円前後）。こういったブラック企業内部の想像を絶する様子を知って頂きたいと思います。

第２章では、著者が行った残業代請求を時系列的に追いながら、ブラック企業から残業代を取り戻す方法を学んでいきます。労働基準法の理解、必要資料の準備、内容証明郵便の作成方法、団体交渉の実施など１つひとつの事柄について深く掘り下げて、ブラック不動産とのやり取りを正確に記すことにより、残業代請求方法をわかりやすくお伝えしたいと思います。

第３章では、友人Ｋ氏協力の元、ブラックスーパーマーケットから残業代１６０万円を勝ち取ったプロセスについてご紹介します。残業代を取り戻すことは決して特別なことではありません。私の影響を受けて行動したK氏を見れば、残業代を取り戻そうと思う「やる気」が起きるはずです。また、不動産業、サービス業での未払い残業代請求体験談は、あなたが残業代を取り戻す時の指針にも成り得ます。

第4章ではブラックメーカーに勤務していたM氏の退職金トラブルを取り上げます。残業代問題と並び退職金に関わる労働問題を知ることも重要です。10年以上も会社に勤務したM氏の例から、長年会社に貢献していた労働者にも、悲劇が降りかかることを皆さんに知って欲しいと思います。また、第1章、第2章で学んだ知識も活用しながら読み進めることで、労働に関わる知識をより一層深めることができます。

最終章では、これまでの章で出てこなかった残業代請求の方法を示します。様々な残業代請求の方法を知ることは、あなたの労働環境から残業代を取り戻す上でも重要です。また、残業代請求の簡易プロセスを最後に記載します。これにより、今まで体験談を読む中で出てきた知識を整理し、残業代請求、退職金請求に繋げられるでしょう。

法律にも残業代をもらえる権利についてきちんと書かれており、労働の対価である残業代をもらうことは当たり前の権利なのです。ぜひこの本を活用して、今まで支払われてこなかった残業代を取り戻して下さい。

また、未払い残業代について悩んでいる友人知人がいればぜひこの本の存在を教えてあげて下さい。私達1人ひとりが、ブラック企業に対して未払い残業代請求をすることで理不尽な労働を強いている経営者を糾弾できます。その結果、サービス残業を強いるブラック企業が激減すれば私達の生活が豊かになります。また、過労死やうつ病といった労働災害も副次的に改善されることでしょう。

２０２０年に東京オリンピックが開催されることが決まりました。日本人だけでなく、外国の方々からも「日本は働きやすい国だ」と思われる国にしましょう。私はこの国の労働環境が改善されれば、日本の世界での発言力も増すだろうと考えています。

この本が皆さんの生活の一助になれば、著者としてこれほど嬉しい事はありません。

２０１４年４月

横山　祐太

第1章 ブラック不動産勤務・私の体験

行き場所がなかった

私（当時24歳）は大学を卒業後、大阪に本社がある不動産会社（以下**ブラック不動産**）に新卒として入社しました。高校を卒業後、上京。派遣社員を経験後に実質2浪で大学に入学した私に就職氷河期という壁が立ち塞がりました。結局**70社以上の就職試験に落ち**、やっと決まった会社がブラック不動産だったのです。私にはもう他の行き場所はありませんでした。関西圏で投資用マンションを展開する不動産会社だったのですが、入社後に壮絶な労働環境の会社だと気付いたのです。元々不動産業界は激務だと聞いていましたが、その労働環境は私の想像の範疇を超えていました。

入社式の日に社長が暴走

高級ホテルで華々しく入社式を行ったのですが、式後の懇親会でとんでもないことが起きました。懇親会ではホテルのカラオケルームに行ったのですが、その場で社長自らによる新入社員へのパワーハラスメント・セクシャルハラスメント行為があったのです。

男性社員にはビールや日本酒等のアルコールが提供され、断れる雰囲気にはありませんでした。新入社員の中にはアルコールパッチテストで酒に弱い判定がでるような者もおり、断れない状況で無理にお酒を飲ませられることは苦痛以外の何物でもないでしょう。この事自体は普通の企業でもある状況かも知れません。

しかし、私が驚いたのは次のことにあります。新入女性社員へのセクハラを、社長自身が行っているのです。私は社長が酔いに任せて**新入女性社員のスカートの中に手を突っ込む**ところを見て目を疑いました。50歳をゆうに超えている社長が、父娘ほどに年の離れている女性に対してセクハラ行為を行うのです。新入女性社員の苦痛に満ちた顔は今でも頭にこびりついています。また、新入社員だけではなく、先輩女性社員達もその場に同席していたのですが、彼女らに対するボディタッチ、さらにはセクハラ発言等がありました。特にセクハラ発言は大変品のないもので、

「いい胸（足）してるな」
「月○○円で愛人契約せんか？」
「金払うからやらせろや」

など、会社のトップの発言とは思えませんでした。朝の某ニュース番組で大物司会者がアナウンサーにセクハラをしたという疑惑が記憶に新しいところですが、その被害アナウンサー達と同様に、うまく社長をいなしている女性社員の姿にはある種の頼もしさを感じました。

社長のこのような非常識な行動・言動をその場に居合わせていた専務以下、常務、部長、次

長ら役職者は誰も止めませんでした。この時点でこの会社は、独裁者の実質的なパワハラ、セクハラを許している**ブラック企業**だということを実感することができました。

また、セクハラで上機嫌になった社長は、吉幾三の曲「俺ら東京さ行ぐだ」の替え歌を熱唱していました。歌詞部分の「東京へ出るだ」を「大阪へ出るだ」に、「銀座に山買うだ」の部分を「北新地に家買うだ」と替えて歌っており、苦笑いをしながら皆で合いの手を入れていたことを記憶しています。

洗脳するための禅寺合宿

入社式が終わり、１週間ほどの新入社員研修をこなしました。研修の中で、関西の某地域にある禅寺に泊まりこみで行くことになりました。その寺では、他のブラック企業ないしはその予備軍と思われる会社（知名度がある会社も参加していました）の新入社員達と一緒に、自衛隊式の声出し、妙に統率された整列、空手、座禅を行うことになったのです。

この光景は、２０１０年にフジテレビ系列で放映された「フリーター、家を買う。」というドラマの第１話で、主人公が遭遇した寺での座禅、精神修行などのいわゆる「洗脳行為」と同じです。アイドルグループ・嵐の二宮和也演じる主人公に浴びせられる言葉の数々は衝撃的です。

合宿ではシゴキ倒され、洗脳が行われる

「電信柱がくしゃみをするな！」

「お前らはのろまな亀だ！」

「人を責めるな！　己を責めろ！」

私はこれらの事柄をドラマの中の出来事だと捉えていました。しかし……。事実は小説より奇なりとはよく言ったものです。私達の教官が、このドラマ以上のセリフを発したのです。

それが空手体操というシゴキの場で起こりました。私達は上半身裸になって延々と正拳突きや腹筋、スクワットを行わされるのですが、その時教官はこのように言うのです。

「お前らにはもう休むことは許されない！」

「動き続けろ！　自己を鍛えろ！」

体が弱い社員にもシゴキを強要し、まるでリンチを行っている光景のようでした。それから、私達は声出し大会と称し、これから紹介する掛け声を永遠に叫ぶのです。


実践！　実践！　また実践‼

挑戦！　挑戦！　また挑戦‼

修練！　修練！　また修練‼

やってやれないことはない‼

やらずに出来るわけがない‼

今やらずしていつできる‼

俺がやらねば誰がやる!!
やってやってやり通せ！
ファイトー！　ファイトー！　ファイトー！！
オー！！！！！

これらの言葉を6時間以上延々と声出しするのです。声が枯れようが息が詰まろうが、です。私は寸分違わずドラマの中で起きるのと同じようなことが起きてしまったので、心の中で笑ってしまいました（もしその場で笑おうものなら鉄拳制裁が待っています）。これらの言葉は岡山県生まれの木彫家である平櫛田中《ひらくしでんちゅう》のものを改変したものです。確かに言葉自体は素晴らしいものだと思います。何でもやれる。自分は何でもできる。そう思わせてくれる言葉です。しかし、平櫛田中が人々に向けた意図と、ブラック企業が奴隷社員に向ける意図が違うのがまた悲しくなります。

ブラック企業が平櫛田中の言葉を使うことによって洗脳したいことを私なりに考えました。彼らが言いたいことは、

眠る時以外は会社の利益を考えろ！　（身体を壊しても責任は取らない）
契約が取れるまで仕事をしろ！　（もちろん残業代は出さない）
社会人として結果を残せ！　（数字を達成しても何も報酬はない）

ということなのでしょう。これらの考え方を新入社員に連呼させ、その思考を植え付けるこ

とで都合のいい社畜、兵隊、奴隷として扱いたいのです。『マンガでわかるブラック企業』（合同出版）によると、このような事は「カルト宗教」と同じで新入社員を洗脳するものだとして痛烈に批判をしています。これには私も同意せざるを得ませんでした。ちなみにこの研修を主催している会社を調べてみたら、この禅寺合宿は2泊3日で1人7万円ほどの費用がかかることが判明しました。会社にとっては社員を洗脳するためにはそのくらいの金額は厭《いと》わないということなのでしょう。

私は与えられた契約時間の中で最大のパフォーマンスを発揮することが一般社員の役目であり、ビジネスパーソンとして活躍する人に求められていることだと考えています。長時間の残業は会社の根幹に関わる役務をこなす経営者並びに役員の役目なはずです。経営者の方々は社員を使い捨ての駒として扱うのではなく、1つの人格を持った人間として扱って欲しいと思います。

大物歌手が作詞作曲した社歌

業務初日。朝8時半にラジオ体操と社歌を歌ってから業務を正式に（**すでに8時前から営業はしていました**が区切りとして）スタートさせます。そこで歌う社歌が、某大物歌手が作詞作曲していたものだったのです。今現在も、情報番組等のコメンテーターとして活躍してい

る方が作成した社歌を、毎朝大声で熱唱するのです。大の大人が、

「やろうぜ！　いこうぜ！　マンション売ろうぜ！」

というような歌詞を朝っぱらから熱唱する光景は、異様としか言いようがないものでした。しかし、生半可な思いでは高額なマンションは売れないとは思うので、擁護できる部分もありました。それでも個人的にこのような宗教的な社風の会社には勤めたくありませんが……（笑）。

また、働き始めてからわかった驚愕の事実がありました。社長と専務はブラック不動産を設立する時、一緒に大手マンションデベロッパーを退社したのですが、その時の同期は錚々《そうそう》たるメンバーだったそうです。例えば、負債総額２５００億円を出して倒産した某上場企業の社長が同期だったそうで、あいつはだめだったと営業中に先輩社員達や私に向かって語っていました。また、現在株式市場に上場している某不動産会社の副社長は、このブラック不動産の役員だったそうです。彼らは、大手マンションデベロッパーの営業時代から壮絶な環境を生き抜いています。そしてそれを一般社員に押し付けてそれが当たり前だと思っているのが、たちの悪いところでした。しかし、大手時代の顧客と繋がりを持ち続け、電話１本で３０００万のマンションを10分で売る姿は営業マンとして実力があることの「証」でもありました。専務が３０００万のマンションを売った時に前受金として３００万を取りに行かされるなどの経験をさせてもらったこともあり、営業としての経験を積ませて頂いたことに関して「だけ」はブラック不動産に感謝しています。

金持ちを狙った迷惑電話営業

私が働いていたブラック不動産では、主に高所得者に対しての投資電話営業を行っていました。具体的には、

「不動産投資用に区分所有（分譲マンションの1室を購入すること）で大家さんになりませんか？」

という類のものです。顧客として対象にしたのは社会的に地位が高い職業に就いている方々でした。会社経営者、地主、士業者、教師、医者、パイロット、芸能人等が皆さんの頭の中に思い浮かぶと思いますが、私の在籍していたブラック不動産では、**主に医者をターゲットに投資営業**を行っていました。これには理由があります。まず、医者という職業の年収です。

厚生労働省の「勤務医の給料と開業医の収支額」によると、勤務医では、平均年収が１４７９万円。開業医では平均年収が２５３０万円となっています。また、住宅を購入する場合は住宅ローンを組んで購入することが一般的であり、投資用マンションにおいても同様となっています。

しかし、職業が医者、特に開業医の場合は、マンションをキャッシュ一括で購入する可能性も他の高所得者の職業の方々に比べて高かったのです。例えば、私が経験したケースになりま

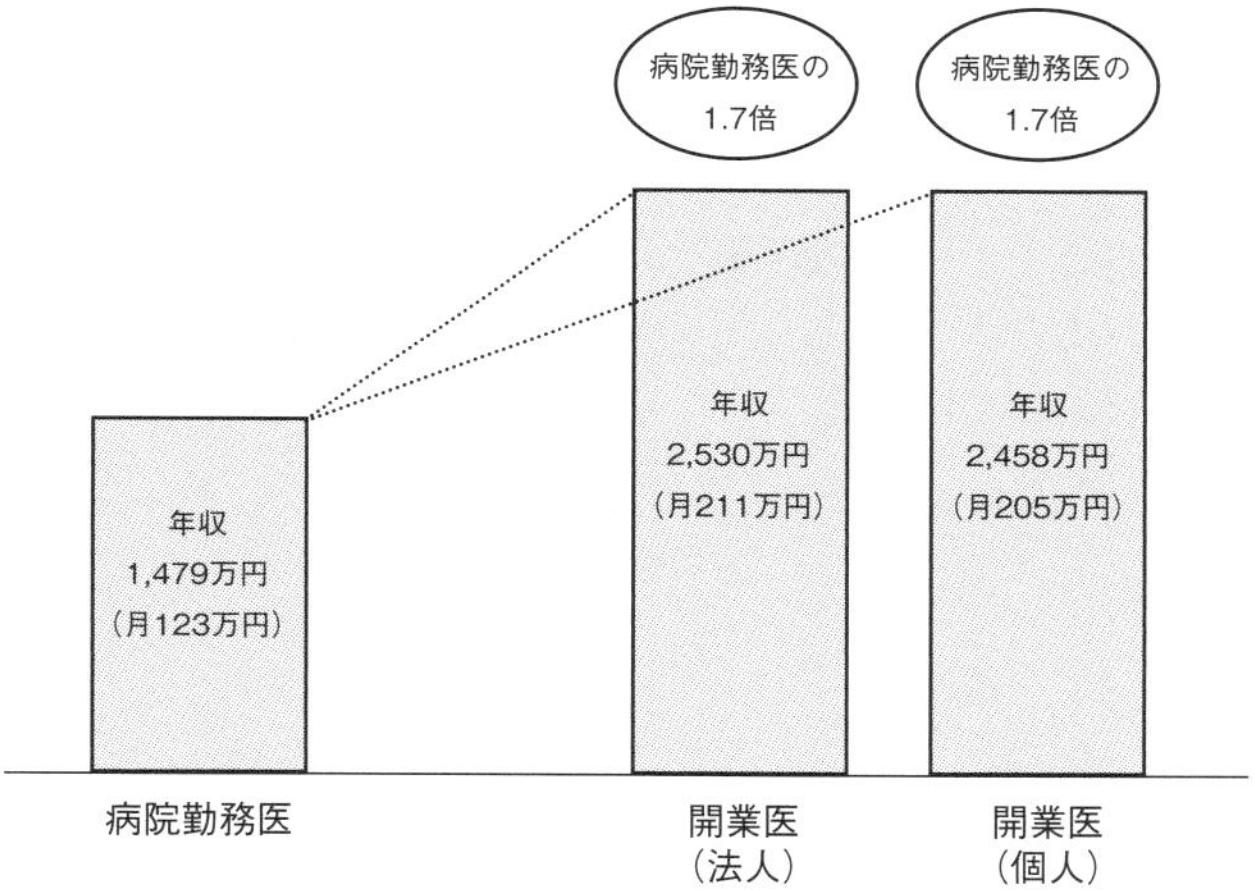

病院勤務医と診療所医師（開業医）の給与の比較
（＊「医療経済実地対調査報告（平成21年6月実施）」より引用）

すが、70歳過ぎの女性医師が４５００万のマンションを一括で購入したケース、医療法人の理事長が、４０００万のマンションを一括で購入したケース等がありました。会社経営者や他の高所得者に比べると住宅ローンを組めない心配もなく、さらには一括購入してくれる可能性もある「割のいい」顧客だと、ブラック不動産の経営陣は判断していたようです。また、他の高所得者職業の方々と違い、医者は「世間知らず」だから扱いやすい、というふうにブラック不動産の役員達は考えていました。東京でも数百万あれば中古のワンルームマンションが買える時代です。しかし、世間知らずの医者の場合は、大阪で数千万するワンルームマンションをポンポンと買ってくれるのです。先輩社員や役職者によると、勉強「だけ」できる馬鹿は扱いやすいとのことでした。

　このような結果から、医者という顧客に投資営業が限定されるようになります。医者以外の高所得者の方々は、社会と深く関わっていますから、営業をしたところで「そんなにうまい話があるわけがない」と気付く方が大半で、効果が薄かったというのもあるかもしれません。もちろん世間知らずではないお医者様も多くいることは言うまでもありません。

ブラック不動産での医者に対する営業手法としては、医学部がある全国の国公立私立大学の卒業者名簿を活用していました。大体35歳～80歳までの方に、卒業年度毎に医者の自宅ないしは病院、診療所へ電話をかけます。私はまず練習代わりに、年配の医者から順番に電話をかけ続け、電話営業を行っていました。なぜ年配の方から電話をかけるのかというと、「優しい」からです。迷惑電話に慣れているお医者様だと、

「新卒の子かい？　こんなことは早目にやめてまっとうな仕事に就くんだよ」

「君も生活のために色々と大変だろうけど頑張ってね」

等、温かい言葉をかけてもらったこともありました。もちろん、いきなり電話をかけて、「マンションどうでっか？」と言うのですから断られることは必至です。それでも医者の名簿には限りがあるので、与えられた名簿の医者達に何度も何度も電話をかけるしかありませんでした。何十回も同じ人に電話をかけていたので、ブチ切れて汚い言葉を私に投げかけてくる医者も多くいましたが、そもそも私が迷惑行為を行っているので何も批判することはできません。むしろ自分が同じ立場なら怒鳴って電話を切っていたでしょう。

私は出身県である新潟大学医学部と、東京慈恵会医科大学医学部出身のお医者様宅へ迷惑電

話をかけ続けていました。当該大学出身のお医者様達には大変ご迷惑をおかけました。

全国の医者へ迷惑電話をかけまくっていたものですから、在籍していたブラック不動産の名前は医者の間ではかなり知れ渡っていました。もちろん悪い意味で。それは健康診断の時にも表れていました。会社のオフィスに来て健康診断をしている医者は、なんと会社の先輩方が散々迷惑営業をした医者だったのです。当たり前ですが医者の態度は最悪でした。診断を受けているというよりも、汚らしい物体を検査しているといった感じで医者は私達を睨みながら速攻で健康診断を済ませ、オフィスを後にしていきました。健康診断に来てくれた医者の態度で、人に嫌われることをやって生きていかなければならないのか、と思った瞬間でした。

自腹で営業リストを入手!?

また、会社の所有している医者の卒業名簿には古いものが多く、掲載されている住所が違っていたり、電話番号が使われていなかったりといったことが多くありました。何十回も迷惑電話をかけるので、住所や電話番号を変えられるというのは当たり前なのですが……（笑）。直近の上司である営業部の主任に何かいい方法はないかと相談した所このように言うのです。

「名簿屋で自腹で名簿を買うんだよ。学会とか、最新の情報が載っている医者名簿とかな」

と。そうしなければ契約は取れないと言うのです。

無料で使っている名簿は3年、5年、10年と、ブラック不動産の社員が延々と迷惑電話をかけ続けた名簿であり、ブラック不動産を恨み、憎み、電話をかけると怒号を上げてくる相手が多いので効果は薄いとその先輩社員は言っていました。従って、新しい名簿を買って、まだ営業をかけていない医者にアプローチすることによって契約が取れるというのです。

しかし、会社の営業に必要なものは自己資金を負担して購入するということが腑に落ちませんでした。この名簿以外に、営業で使う営業カバン、メジャーや特殊定規、電卓などの**備品等も、自腹で強制的に給与天引で購入**させられたことは今でも納得がいっていません。会社の仕事で必要なものは会社が用意し、従業員に与えることは当たり前ではないでしょうか。その上で、従業員個人が会社から与えられる消耗品に納得が行かない場合に自費で購入等をすればよいのです。

地獄の始まり

毎日の勤務は地獄でした。勤務時間は朝10時から夜19時までと求人サイト「リクナビ」で記載があったにも関わらず、毎日7時半から21時半まで延々と電話営業です。営業部ごとのノルマを達していないと、**週に1回の休みもなく2週間連続で13時間労働を強いられる**こともありました。また、もし、数千万のマンションが売れたとしても自分に入ってくる**成果給は**

12時間連続立ちっぱなし勤務で膝が震えている様子

たったの5万円です。このような状況は、インターネットに転がっている投資用マンション会社の噂の現状と全く変わらないものです。

また、暴力や暴言等も日常茶飯事でした。私の部署では、専務取締役が責任者だったのですが、先輩社員や主任を立たせて、一昔前に高校の生徒指導で使用していたような竹刀で肩や腰を叩くといった行為も行われていました。ひどい時には拳で**お腹を殴られ**ていたり、**尻に蹴りを入れられ**たりといった光景も見られました。それでもガムテープで受話器と手をぐるぐる巻にして見込み客が見つかるまで電話し続ける……といったことはありませんでしたが。「たるんでいるからマンションが売れないんだ」という理由で12時間立ったまま電話をし続けたこともあります。

死と隣合わせの社員達

そんなシゴキのような営業風景が続いている中で事件は起こりました。1日中立ちっぱなしで電話営業をしていた矢先に先輩社員（20代後半）が**突然痙攣を起こして倒れた**のです。身体がビクビクと動き、白目をむいて、あえて形容するなら陸に上がった時の魚のようなピクピクとした状態になっていました。今でもこの時のことは鮮明に記憶しています。不幸中の幸いで先輩社員の意識は無事に回復し事なきを得ました。しかし、このような事件が1回ではなく

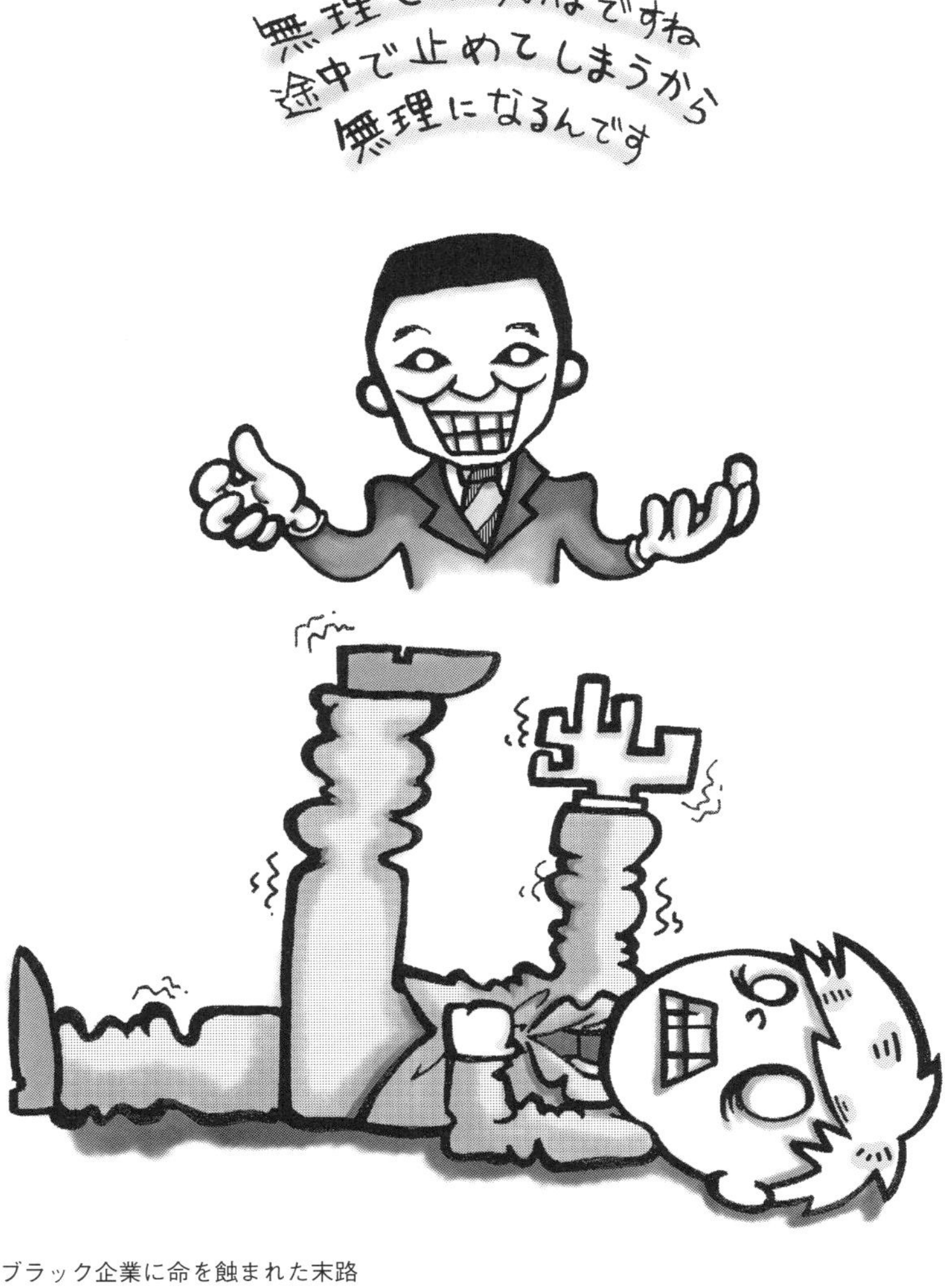
無理というのはですね
途中で止めてしまうから
無理になるんです

ブラック企業に命を蝕まれた末路

2回、3回と続くのです。先輩社員は、

「大丈夫ですから。寝不足なだけですから」

というだけでまた通常通りの業務に戻っていました。自分の生命の危機に気付いていたにも関わらず自主的に仕事を続けることは、奴隷ないしは社畜として洗脳された証ではないでしょうか。私はそこまでしてこの会社にしがみつくことを理解できませんでした。また、現場責任者であった専務取締役は「病院に行けよ」と言うだけで、労働環境を改善する気は全くないようでした。有り得ない職場です。この痙攣事件は過酷な労働環境に起因することは言うまでもないでしょう。

また、同じ大学出身の先輩社員は20代後半という年齢なのにストレスの影響からか白髪交じりの髪の毛になっていました。契約も取っていた優秀な先輩でしたが過酷な労働環境のせいで想像以上に疲弊しているようでした。さらにはこの先輩社員は**ストレスで急性胃腸炎を発症**します。彼の苦しそうな姿を間近で見ていることはとても辛かったです。もちろん仕事は休めません。

このような会社でも残業代が満額支給されていたら救われるかもしれません。大手のＩＴ会社に勤めている友人がいますが、私が経験した残業時間と同程度、またはそれ以上の残業をしています。それでも私の在籍していたブラック企業と明確に異なる点は、残業代が満額支払われることです。自分の働いた対価として賃金が増えるのならば、会社で頑張ろうという気持ち

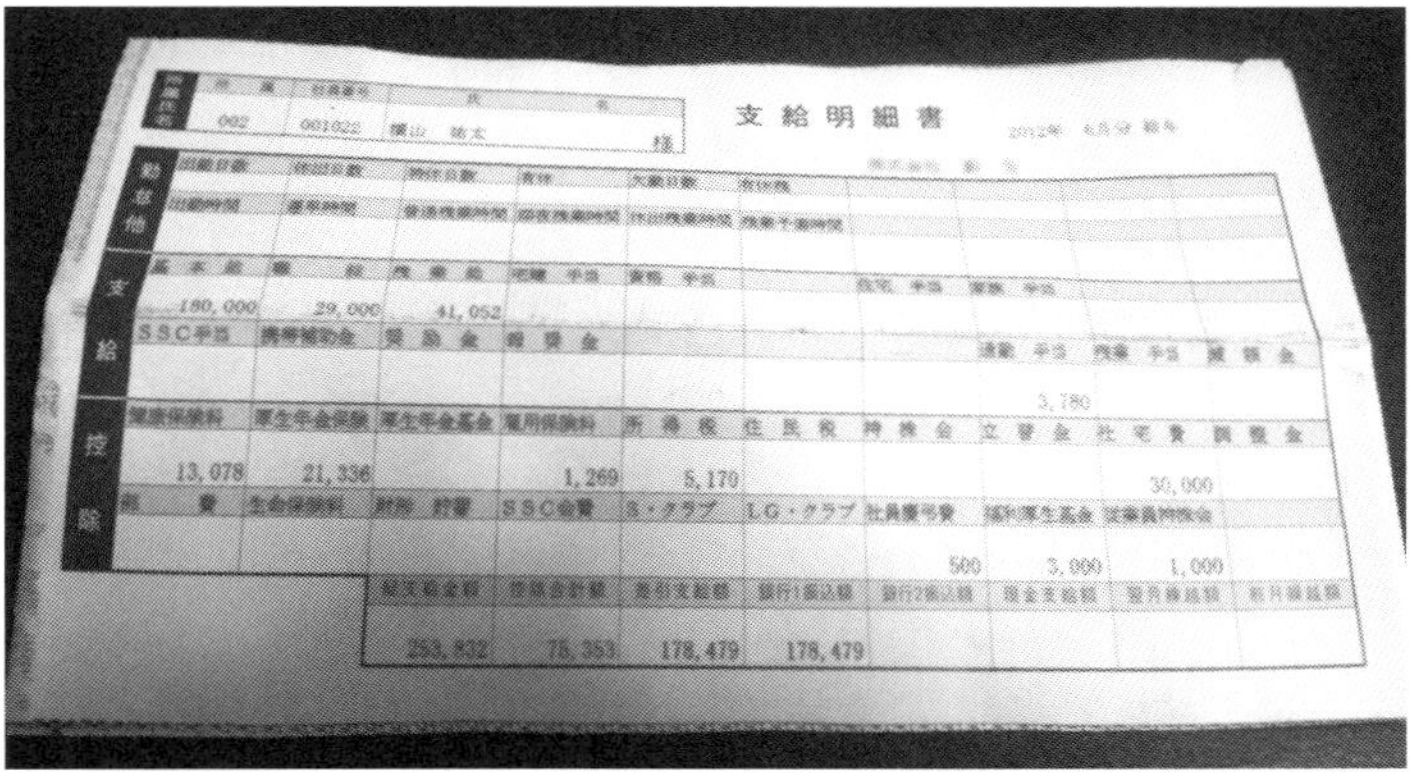

給与明細

になるかもしれません。しかし、ブラック不動産では残業代も一部しか支給されませんでした。

残業代も支払われない

この画像は私の５月分の給与明細書です。

毎月の給与明細では、４万１０５２円という残業代が支払われるだけでそれ以外は一切払われませんでした。**私の１ヵ月の平均残業時間は１５０時間**。法律通りに支払われるとすれば月の未払い残業代は約20万円にも上ります。人間を奴隷のように酷使し、正当な対価がまったくない労働環境だったので、会社を辞めるという決断に至るのは必然でした。

皆さんは**「過労死ライン」**という言葉をご存じでしょうか？　朝日新聞掲載キーワードによると、「各地の労働基準監督署が脳出血や心筋梗塞（こうそく）などによる過労死を労災認定する際の基準として、厚生労働省が定める時間外労働時間。発症前の１～６ヵ月間に時間外労働が１ヵ月あたり約45時間を超える場合は業務と発症との関連性が徐々に強まるとされる。発症前１ヵ月間に約１００時間、または発症前２～６ヵ月間に１ヵ月あたり約80時間を超える時間外労働があった場合は『業務と発症との関連性が強い』としている（２０１０年5月25日朝日新聞 夕刊）」としています。

私は過労死ラインである80時間の約2倍の時間を残業に費やしていたことになります。このような状況が続く労働環境では、先輩社員が痙攣して倒れ、黒髪が自慢だった社員が白髪になり急性胃腸炎になるのも仕方がないことだったのでしょう。よく死人が出なかったものだと今では感じています。

私は過労死や病気の発症といったリスクをブラック不動産に就職するまでは都市伝説だろうと友人達と笑って話のネタにしていました。しかし、就職をして過酷な労働環境にいる中で、決して他人事ではないと思い知らされました。また、**「このままでは会社に殺される」**と直感的に悟りました。私は痙攣事件や先輩社員の疲弊しきった姿を目の当たりにした時から残業代記録をつけていくことにしました。自分の命と、そして労働者としての権利を守るために。私達は憲法と法律が身近にあることを今一度思い出さなければなりません。

同期がTVに取り上げられていた！

これは辞めてからわかったことなのですが、同期がＴＶに取り上げられていたのでその報道も紹介したいと思います（ＮＨＫ ＢＩＺニュース２０１３年1月15日より）。

早期離職した若者〝再就職ができない

近田 今日（14日）は成人の日。今年（２０１３年）、新成人となる若者は１２２万人です。

飯田 その若者が不安に思っているのが雇用です。15歳から24歳までの若者の失業率を見ると、全世代と比べて、高い水準で推移しています。この理由の１つとして挙げられるのが、『早期離職』の問題です。就職してもすぐに退職し、その後、なかなか再就職ができないのです。

近田 そうした若者の１人を取材しました。

Ｓさん、23才。去年（２０１２年）、大学を卒業し、不動産会社に就職しましたが、４か月で退社しました。理由は過酷な労働環境。残業は月80時間以上あったといいます。上司に命じられ、１日11時間、立ったまま営業の電話をかけたこともありました。

「かなり厳しかった。精神的にも体力的にも、もたない」

再就職の最大の壁は〝就業経験の短さ〟です。多くの会社が、離職した人を採用する際、1年以上の就業経験を条件としています。

「これも1年以上、社会人経験がないと受けられませんね」

これまで応募できたのは6社。しかし、すべて書類選考の段階で不合格となりました。

そのまま引用しましたがこれは事実です。彼の部署では1日中立ったまま電話営業をするというシゴキが何日も連続して行われていたこともあったので端から見ても辛そうでした。過労死しそうな労働環境で残業代も雀の涙ほど。私達の事例は極端なのかもしれません。また、この報道の恐ろしいところは「早期離職」のほうにも焦点が行っていることです。早期離職する原因を落としこんで報道をしてほしいと願います。もし、今この本を読んでいる読者の方々で同じような目に遭っている方がいらっしゃったらすぐに行動を起こして下さい。あなたの身体と心を守るためにも……。

警察が来る会社

いつもと変わらずに迷惑電話営業をしていた時のことでした。自社の投資用マンションを購入した医者の妻と思われる年配の女性が会社に怒鳴りこみに来て、ずっと居座っているのです。恐らく、営業のうまい口車に乗せられて何の考えもなしに投資用マンションを購入したのでしょう。女性が「こんなはずじゃなかった」、「実質的な利回りが低すぎる」等とわめき散らしている姿を見て私の心は痛みました。また、疑問も感じました。疑問を感じたのは社会に迷惑をかけて投資用マンションを売っている自分自身に対してです。結局その女性は警察に連行されて行きましたが、自社の物件を購入して**心身ともに疲弊しているお客様の後ろ姿**を見て私は会社を辞めることを決心しました。

会社を辞めよう

6月初旬。今までに経験をしたことがなかった壮絶な労働環境のせいか、私の身体と精神はどんどんおかしくなっていきました。まず、いきなり鼻血が出るようになりました。生まれてから鼻血なんて何年も出したことがありませんでしたが、このブラック不動産会社で働くようになってからは**3日に1度は鼻血**が出るようになりました。それも何の前触れもなく出るのです。

また、いきなり心臓が痛くなり、息が苦しくなることもありました。さらには体重が落ちました。元々80キロほどあった**体重が15キロ落ち**て65キロになったのです。スーツはぶかぶかになり、さながらお祭りで着る半纏《はんてん》のようになりました。先輩社員達からは、

「お前痩せたな――」

等と言われることはありましたが心配されることは1度もなかったように記憶しています。

また、精神的にも様々な症状が出てきました。まず、食べ物が美味しくなくなりました。今

までおいしいと思って色々な食べ物を食べてきましたが、ブラック不動産で働いてからは食事を楽しむ余裕もなくなり、昼はマクドナルドのランチセット、夜はセブン-イレブンのパスタで簡単に済ませていました。食事を楽しむというよりは、倒れないように食物を摂取するという形でしょうか。昼食時には食事よりも眠気のほうが強く、疲労で足元がふらつくこともたびたびあったので人目を気にせずに爆睡して午後の業務に備えていました。また、精神的にも、

「死にたい」
「疲れた」
「もう嫌だ」
「何で生きているんだろう」

等、後ろ向きにしか物事を考えられなくなっており、当時付き合っていた女性にも心配されたことを思い出しました。これらは明らかなうつ病の症状であったと感じています。心理学を専攻していた人間がうつ病になるというとトンチが効いていますが（笑）。

痙攣事件、警察騒動事件、うつ病を経て、6月中旬には、私は肉体的にも精神的にも限界でした。新卒で入社して3ヵ月しか経っていませんがとにかく限界でした。毎日5時間の残業が2週間続いており（もちろん休みはなし）、**新卒で入社した社員は7人いたのですが、私が辞める時点で既に2人が辞めていた**ことから壮絶な労働環境だったことがわかると思います。特に、私より先に大学の体育会出身の同期（輝かしい実績があります）が辞めたことは

驚きでした。余談ではありますが私の辞めた１ヵ月後にも更に１人、体育会出身の人間が辞めています。

会社の先輩に聞いた話ですが、２０１２年度入社の人間は現在すでに０人だそうです。私は何も言えませんでした。

まず、私は会社を辞めるために直属の専務取締役と面談をして、辞めたい旨を伝えました。その結果、専務から社宅に帰って頭を冷やして１日後にまた面談しようということで、一時帰宅を命じられました。私は頭を冷やしました。会社を辞めてどうするのか？　これからどうするのか？　など……。改めて考えた結果、私は思いました。

「社会に迷惑をかけるブラック企業に勤める意味はない」

と。私はボイスレコーダーを買いに家電量販店に向かっていました。専務取締役との面談で、サービス残業を助長するような証拠を得られると思ったからです。

ここで私が購入したボイスレコーダーを紹介します。

それがＳＯＮＹ　ＩＣレコーダー　ＵＸ５２３というボイスレコーダーです。当時のものなので古い機種になるかもしれません。しかし、このボイスレコーダーはＵＳＢと一体化しており、スイッチを引っ張るとＵＳＢ端子が出てそのままパソコンに接続することができます。従って録音し、家に帰ったその瞬間から録音した音声の文字起こしを開始することができるのです。価格もamazonで当時８４００円と未払い残業代のことを考えれば痛くない出費でした。ま

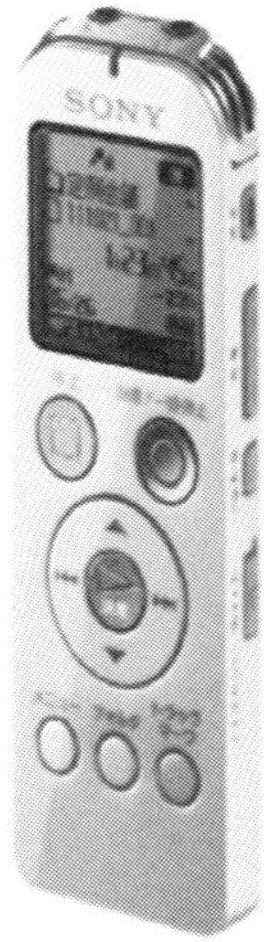

SONY ステレオ IC レコーダー UX523 4GB ICD-UX523

た、もし、ボイスレコーダーを買うお金がない場合は、スマートフォンのアプリ（60頁参照）で、ボイスレコーダーや録音のアプリケーションをダウンロードしてそれを利用することもできます。最近では、スマートフォンにボイスレコーダーの機能がついている場合もあるそうです。ぜひ自分自身の状況に合わせてボイスレコーダーを活用してみてください。

翌日、私は会社へ行き、専務取締役と退職に関する面談をしました。もちろんボイスレコーダーで録音をしています。ここでその一部始終を紹介したいと思います。２０１２年６月末。専務取締役との面談記録で、応接室に入るところからです。専務はスマートフォンをいじりながら煙草を吸い、こちらの言い分全てを一笑に付すといった感じでした。

専務「入れ」
自分「はい」
専務「座れ」
自分「失礼します」
専務「なんて？（どういうことだ？の意味）」

自分「体調が悪くて……」
専務「体調が悪いってようわからへん」
自分「心臓が痛くて……、頭痛がして……」
専務「心臓が痛くて頭痛がする」
自分「はい」
専務「病院は行った？」
自分「行ってないです。鼻血が……」
専務「お前病院行かんと体調悪いから辞めさせてくださいって、社会人として普通の話なんか？」
自分「すいません」
専務「なあ、どうなん。俺は、俺はおかしいと思うんやけどな」
自分「はい」
専務「俺がおかしいか？」
自分「おかしくないです」
専務「なあ」
自分「えっと、ちょっと仕事も合わないというか」
専務「うん。だからそれが原因じゃないやろって言ってるんや俺は」

自分「はい」
専務「お前が、お前がしんどいんやったら普通病院行くやないけお前」
自分「はい」
専務「え？　それも行かんとそんなんお前。え？　会社の仕事のおかげで体悪くなったって言われたらなお前」
自分「いえ、そういうわけじゃないです」
専務「そんなんなったらお前ただのクレーマーかいっちゅう話になるやん」
自分「はい」
専務「ちゃう？」
自分「いや、おっしゃるとおりです」
専務「別に保険証うちが渡してないわけでも何でもないんやから」
自分「はい」
専務「んで？」
自分「仕事が合わないです」
専務「合わない？」
自分「はい」
専務「僕が聞いてた話とちゃうという話か？　どういう話？」

自分「そのまぁ、仕事の内容は聞いていたことと変わりはないんですけれども」
専務「んー」
自分「そのー、要は休みが自分の想定していた休日より少なくて……」
専務「んー、うん」
自分「恐らく自分の中で、このくらいだったら大丈夫だろうっていうラインを勝手に決めてたんですけれども」
専務「うん」
自分「そのラインを少し超えてしまったので、その時間的なことで恐らく体に支障がでてきてまぁ仕事的にもしんどいもので」
専務「うん」
自分「ちょっと、これ以上していたら、いつか、いつかというかその、限界までやろうとは思っていなくて、限界までやったら、要はそこで倒れて会社の人に迷惑をかけてしまうので、限界の２歩手前、３歩手前になったら、もう、その仕事は辞めようって入社する前から決めていて」
専務「うん」
自分「で、その２歩手前、３歩手前が来て、あぁもうこれヤバイ無理だと、でもこれその今の仕事を半年、１年、３年と、続けられるかって自分に、その、問いただしてみたら、ちょっと無理だという結論になりましたので、その、これ以上仕事を続けることはできないと思いました。はい」

専務「ほんで？」

自分「まぁ、申し訳ないんですけれど」

専務「うん」

自分「仕事を辞めさせて頂ければと、思います」

専務「そんなんお前どこでも務まらないんちゃうん。お前」

自分「それは確かにその通りなんですけれども」

専務「うん」

自分「ちょっと今の拘束時間だときつい……まあその、自分の体的な点できついかなというのはあるんで」

専務「うん」

自分「そのこれで自分の限界がわかったんで、体に支障が出ない範囲の仕事を探していければいいかなと、思いまして……」

専務「うん」

自分「そうしようかと。すいません。自分には務まりませんでした。すいませんでした」

専務「ん？」

自分「すいません」
専務「なんやそれ、勝手なやっちゃなあ。おめえはよ！」
自分「いやほんとにすいません」
専務「ん？」
自分「すいません」
自分「ちょっと甘く見ていたところがありまして……。突然で……申し訳ないです」

（暫しの静寂）

専務「一般的な社会人の通常の話としてはな」
自分「はい」
専務「そういうことがあったら、前もって1ヵ月前とか」
自分「はい」
専務「そういう時に言うのが最低限の礼儀。まあ1ヵ月はないわなあ」
自分「はい」
専務「3ヵ月前くらいからそういう話をしていくのが普通なんやけどなあ」
自分「はい。そうですね。非常識です」
専務「その非常識さはどっからくるの？」

自分「すいません」
専務「しかも月末の数字やらなみんなが頑張ってる時にな」
自分「はい。申し訳ないです」
専務「理解できん。おれはそういうのが」
自分「はい。本当に非常識で、ご迷惑をお掛けしました」

（暫しの静寂）

専務「最後のチャンスやでお前」
自分「そうですね……」
専務「いや別にお前、お前ゼロ（売上）なんやからな。会社としてはゼロが1人減ろうが何でもない話しなんやからな」
自分「はい」
専務「同じ釜で飯を食っている俺は仲間として、お前に言うたげることっていうのは」
自分「はい」
専務「この今の現実から逃避するっていうのは、ずっとお前がやってきたことや。今まで」
自分「はい」
専務「な？」

自分「はい」

専務「俺もお前も、おおむね違う人生送ってきてるわけちゃうんやからさ」

自分「はい」

専務「な？　会社が全てだとはいえへんよ俺は」

自分「はい」

専務「な。それでお前はええのっていう話や」

自分「そうですね……」

専務「大人がそんな甘っちょろい考えで、世の中渡っていけるかお前？」

自分「すいません……」

専務「なあ、弁護士だって税理士だってどんな職業だってな、お前のお父ちゃんの職業だってな、営業ができなかったら何も仕事取れへんねん」

自分「はい」

専務「それがお前、親の傘の下で今までずっと生きてきてな」

自分「はい」

専務「社会に放り出されたからって、ちょっと厳しいからって」

自分「はい」

専務「限界ですから、３ヵ月も経ってないのにな。言うのはおかしいって」

自分「はい」
専務「明らかにおかしい！　お前は」
自分「はい」
専務「拘束時間が長いとかな」
自分「はい」
専務「休みが少ないとかな。なぁ。若い時しかそんなことできひんやないか、お前！」
自分「はい」
専務「お前の父ちゃんだって休み返上して仕事するとかないんか？　お前の学校を出すために」
自分「はい。そうですね。いやまぁ仕事は頑張ってると思いますけど」
専務「いやいや金が無いとお前を学校行かされへんのやから」
自分「そこには感謝しています」
専務「なあ、そりゃみんな自分の思いどおりでいくなら苦労ないやろ」
自分「はい。まあ、その、考えまして、それでも……」
専務「お前、好きで○○（会社名）をそうやって選んだのにな」
自分「はい」
専務「気に入らんから、ほな辞めますわみたいな、な？」

自分「はい」

専務「世の中には石の上にも3年って言葉があんねんか」

自分「はい、存じてます」

専務「知ってるやろ」

自分「あ、知ってます。すいません。それでも、いや本当に、今の要は、朝7時から7時半から夜22時までの生活に、あのまぁ要はお客様に売っていく1日に、迷惑と言われようとけっこうです、というかその怒られようと電話していくっていうのが正直きつくて、ここから要は」

専務「銀行マン、銀行マンや税理士とかあいつら朝7時からやってんねんで」

自分「はい。はい。それはわかってますけど」

専務「夜おそうまでみんな外回りしてんねんぞお前。けちょんけちょんに言われて。君よりもっといい大学出た人達が」

自分「はい」

面談記録から一部抜粋。

このようにようやく**専務取締役の口から朝7時半から夜22時までの勤務を容認する発**

言を聞き出すことに成功しました。しかもあろうことか、銀行マンや税理士をやり玉にあげて、さも自分達は悪くないような言い分です。この面談記録は作成してから今の今まで使用することはありませんでしたが録音しておいてよかったと思っています。

うつ病になりました！

結局専務との面談後、退職を押し通すために精神科に行ってきました。そこで精神科医の先生からこのような診断を下されたのです。診断名は「うつ病」。私は初診でこのような判断をされました。先生から言わせるとうつ病が疑われる患者の場合には、うつ病「傾向」という診断を下すそうです。しかし、私の場合は異なっていました。先生に今の心の状態、労働環境の劣悪さを伝えた所、今回はうつ病としての診断を出すというのです。

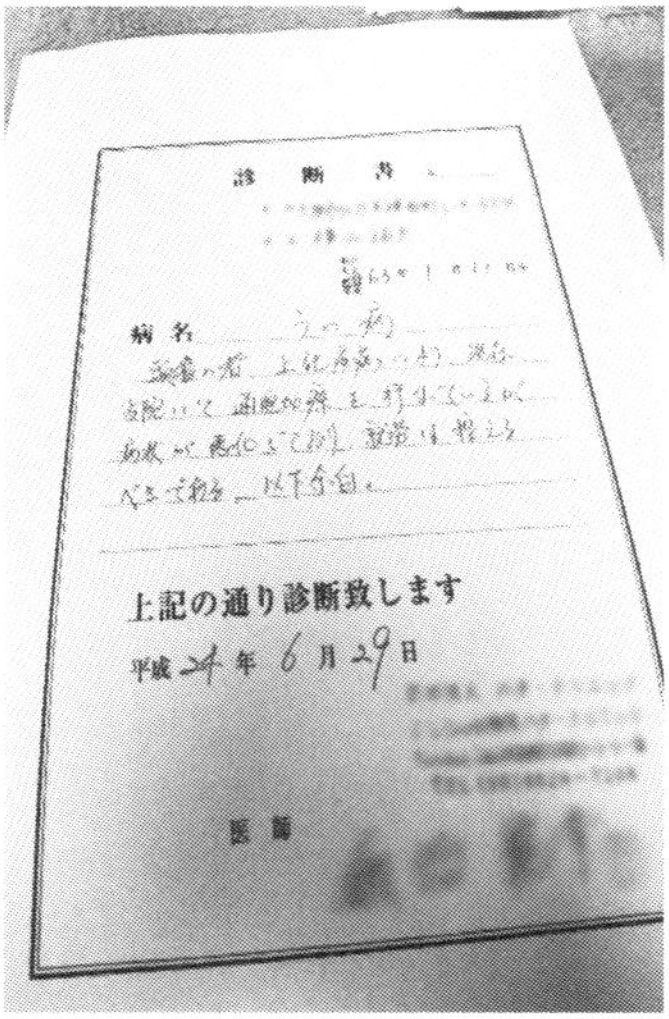

うつ病の診断書

また、毎日2週間休みなく働いていると伝えた所、**労働基準監督署の電話番号のメモを差し出された**ことです。精神科医も認めるほどの悲惨な職場環境に苦笑いするしかありませんでした。

役職者のみが閲覧できる一般社員の出社記録

後日、私はうつ病の診断書を持って常務との面談に望みました。その結果、無事に退職する運びとなったのです。退職手続きは総務部の次長にして頂いたのですが、その時に出社記録を初めて見ることができました。しかし、その中身は見せてもらえず、

「これは君が見てはいけないものだ」

と言われてどうも腑に落ちない形で退職をすることになりました。次長が面談の場から一旦退出したことがあったので、その時には出社記録を撮影することができました。

法外な社宅退去費用

辞めるにあたって、表出した問題がもう1つありました。それは社宅の退去費用です。私が入社したブラック不動産では社宅へ入居することを入社の必須条件としていたのですが、それには裏がありました。それは辞める際に社宅退去費用として家賃２ヵ月分と原状回復費用を取られることでした。以下にその根拠となる退職時の次長との会話記録を皆さんに見て頂きま

しょう。

次長「あのー、社宅というのは」
自分「はい」
次長「あの転居するときに」
自分「はい」
次長「どうしても改装費がかかるのと」
自分「はい」
次長「家賃の２ヵ月分がかかる形になるのな」
自分「はい、はい」
次長「で、今日から２ヵ月っていうと９月に入っちゃう」
自分「はい、はい」
次長「わかる？　で、日割り家賃も９月の末までになっちゃう」
自分「はい」
次長「だからそれはかわいそうだから」
自分「はい」
次長「その結局８月末までという形で進めるから、これはここ空けといて欲しい」

自分「ありがたいです」
次長「あのー、横山君がやで」
自分「はい」
次長「あのー、７月１日（退職日を）と書いちゃうと9月末までになっちゃって家賃１ヵ月
　分多くなる」
自分「はい」
次長「家賃１ヵ月分多く払うっていうのも」
自分「はい」
次長「その、あの言うたらそのー」
自分「はい」
次長「なんや、３万円（社宅家賃）」
自分「はい」
次長「じゃなくて」
自分「はい」
次長「退職後は、この費用になっちゃうからな」
自分「はい」
次長「５万７３６０円（意味不明）。１ヵ月多くなっちゃったら」

自分「はい。ちょっとしんどいです」
次長「えらいやろ（金額が大きいという意味）？」
自分「はい」

こうした次長とのやり取りが延々と続きます。**そして社宅退去の費用が30万２５１８円ということになりました。**たかだか数ヵ月しか住んでいないのにこれだけ取られるのは考えられるでしょうか？　これらの発言を録音できたことも残業代請求へ功を奏しました。

こうして心身ともに疲弊した自分の頭で考えられうる証拠をかき集め、私はなんとか7月初旬に辞めることが出来ました（退職日は6月26日扱い）。4月に入社して、6月末付に辞める。

「勤めていた期間が短すぎる！　甘えだ！」

と読者の方々は叱咤されるかもしれません。しかし。私は自分の生命を優先したかったのです。1番思うことはやはり、

「死にたくなかった」

ことでしょう。馬鹿みたいなセリフです。しかし、今までの状況が状況なのでこの言葉には真実味が帯びているのではないかと思います。２０１３年10月スタートのドラマ、「ダンダリン　労働基準監督官」の第1話でもブラック企業の従業員にこのように主人公が言っています。

「会社にしがみつくより命にしがみつくほうがよい」

と。しがみつくところを間違えないようにしましょう。

次章から著者が行った残業代請求を時系列的に追いながらブラック企業から残業代を取り戻す方法を学んでいきます。

第2章 残業代を勝ち取る!!

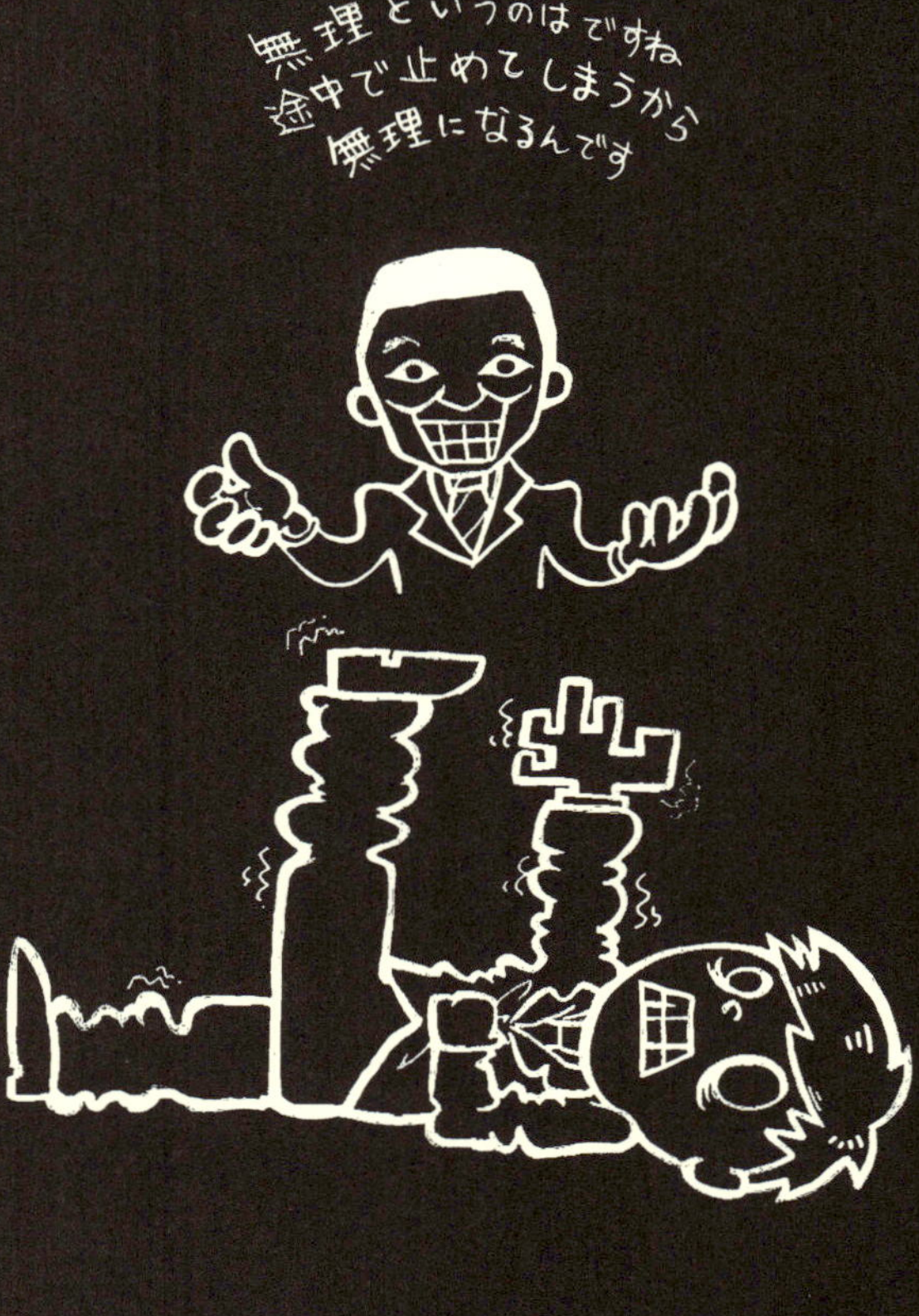
無理というのはですね
途中で止めてしまうから
無理になるんです

ブラック労働者にならない

憲法や法律は、私達の生活を守るために規定されている決まりごとです。例えば、労働基準法は**働く労働者を保護するために労働条件の最低基準を示した法律**になっています。ここで大事なのは「あくまでも最低基準」だということです。労働環境の最低基準を下回っている、違反している企業を摘発する。残業代をしっかりと頂く。これは私達日本で働く人全てにとって当たり前の権利なのです。それを自己犠牲の名のもとに、サービス残業を命じられても一切口答えしない。会社が生活の全てだから逆らうことは出来ない。これらのように心も身体も会社の家畜になっている人々のことを「ブラック労働者」ないしは「社畜」と呼びます。ブラック労働者のように何も訴えないということは経営者側を調子に乗らせ、労働者自身を貶める**「加害者」**になってしまっているのです。労働者の権利を放棄し反抗しないロボットと化し、会社の言いなりで働いていくことは、一昔前の日本では美徳だったのかもしれません。しかし、今日においては会社の命令に従っていても、幹部や上司は私達を守ってはくれません。使い捨て商品のようにゴミ箱に捨てられるだけです。このようなことになる前に、いや、なったとしても、私と一緒に労働に関する知識を身に付けて今まで払われなかった残業代を取り戻していきましょう。

まず、そもそもの問題として残業が許可されているかどうかといったことがあります。これを示すものが３６協定というものです。皆さんはご存知だったでしょうか。

３６協定

３６協定とは、労働基準法第36条を根拠とした協定のことで、従業員が残業を行うのに必要な決まりとなっています。簡単に言うと、会社が残業をさせようとする場合は、労働者の代表者と使用者の書面での締結が必要だということです。しかし、これだけでは、従業員を際限なく残業させることが出来てしまいます。そのため、厚生労働省は、「時間外労働の限度に関する基準」を告示しています。

時間外労働の限度に関する基準

厚生労働省は時間外労働の限度に関する基準で「時間外労働、休日労働は最低限にとどめられるべきもの」としています。この基準は俗に「限度基準」と呼ばれており、この基準を表にして示すと次のようになります。

期間	限度基準
1週間	15時間
2週間	27時間
4週間	43時間
1ヵ月	45時間
2ヵ月	81時間
3ヵ月	120時間
1年間	360時間

あくまでもこれは「最低基準」です。この限度基準まで達しないように企業は努力しなければなりません。ですが、現状ではこの限度基準を上回っている企業は多く見受けられます。しかし、それでも普通の企業では働いた分の残業代はしっかりと満額支払われます。これがブラック企業になると、この限度基準を根拠として最大でも1ヵ月45時間分までの残業代しか払われません。また、固定残業代さえ支払えばいくらでも従業員を働かせてもよいと思っているブラック企業もあります。**実際私は4万円の残業代しかもらえなかったにも関わらず、150時間もの残業を行っていました。**

読者の方の中には、

「そもそも残業代が出るだけましじゃないか！　うちの会社は……」

とおっしゃる方もいると思います。しかし、働いた対価として残業代を出さない企業＝ブラック企業です。もし、あなたの会社がブラック不動産よりひどい現状であるのならば、ぜひ行動を起こしてください。その行動こそがあなたのみならず、日本で働く全ての労働者を救うことになるのですから。

営業職でも残業代はもらえる！

読者の方々は営業職、事務職、経理職、接客職と様々な職種に就いていると思います。ここで、営業職の方に朗報があります。成果ベースの営業は働いた時間分の残業代は出ないと思っていませんか？　他の職種の方と同様、営業職でも満額残業代はもらえるのです！

ブラック企業の中には基本給の中には残業代を定額化（いわゆる営業手当）して支払っている会社が少なくありません。そしてこれらには、全くの法律的根拠がなく外勤や営業の恩恵として営業手当を支給しているという形でみなされるとされています（佐藤ら、２０１０）。つまり、**営業手当を支払っているからといって残業代は支払わないという道理にはならない**わけです。営業手当をもらっていて、毎日サービス残業をしている読者の方。そんなあなたにも残業代を取り戻す「権利」があります。

また、残業代があらかじめ基本給に組み込まれているという生粋のブラック企業にお勤めの皆様もご安心下さい。佐藤ら（２０１０）によると、次の3点が成立していなければ、基本給に残業代を含めることは無効としています。

1　基本給と割増賃金部分が明確に区分されている

2　割増賃金部分には何時間分の残業時間が含まれているのかが明確である

3　上記2を超過した場合には別途割増賃金が支払われている

従って、残業代が基本給に含まれているが全額支払われない。何時間分の残業代が基本給に含まれているか明示していない等前述した3点全てが満たされていない場合は残業代を取り戻せます。次項から私が残業代を取り戻すために行った準備について見ていくこととします。

残業の記録を付ける

まず思いついたのがノートに日々の勤務時間をつけることです。朝から晩まで働き詰めだった私は、毎日の残業代を計算する気力もなく、ただただ**出社した時間と退社した時間をノートに記録**していきました。常に社内で衆人環視の元、電話営業をしていた私の肉体と精神は疲れきっていて当時はそれしかできなかったのです。

また、私が働いていたブラック不動産はタイムカードもありませんでした。このような異常事態でも私はタイムカードがないブラック不動産への疑問を感じることができませんでした。

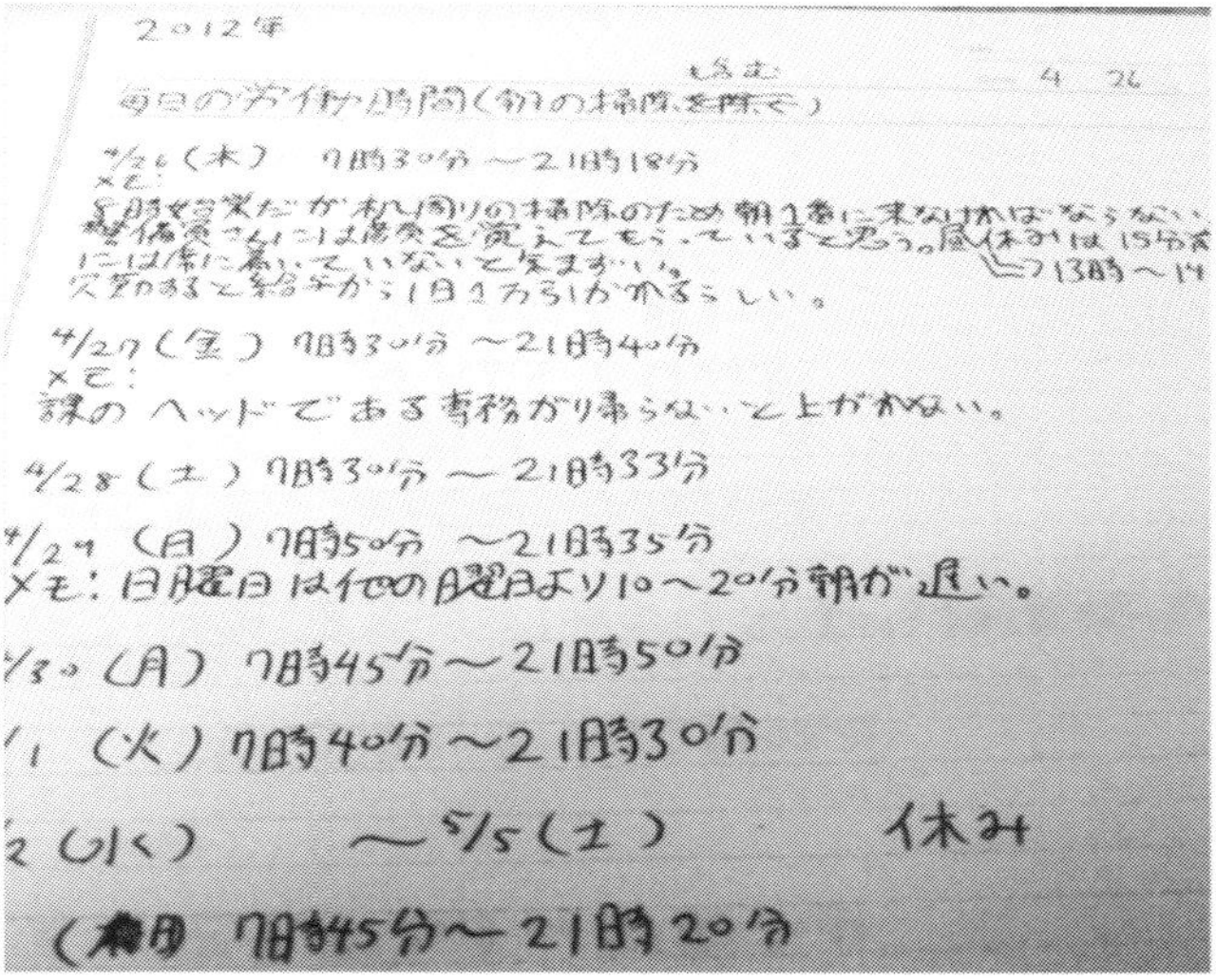
2012年

4 26

毎日の労働時間(朝の掃除を除く)

4/26(木) 7時30分〜21時18分
メモ:
8時始業だが机周りの掃除のため朝7時に来なければならない。警備員さんには顔を覚えてもらっていると思う。昼休みは15分前には席に着いていないと気まずい。
(13時〜14
欠勤すると給与から1日2万円引かれるらしい。

4/27(金) 7時30分〜21時40分
メモ:
課のヘッドである専務が帰らないと上がれない。

4/28(土) 7時30分〜21時33分

4/29(日) 7時50分〜21時35分
メモ:日曜日は他の曜日より10〜20分朝が遅い。

/30(月) 7時45分〜21時50分

/1(火) 7時40分〜21時30分

2(水) 〜5/5(土) 休み

7時45分〜21時20分

出退勤ノート

不思議なことですが、身体が疲れていると非常識なことが自分の周りにあると知っていても、脳の思考が停止してしまって、何も考えられなくなっていたのです。まあ、それが当たり前なのだろう。そうだろう、と。

ブラック企業から残業代を取り戻すためにタイムカードは重要な意味を持ちます。私達労働者の出退勤を客観的に記録している資料だからです。そしてこれは私個人の意見だけではなく裁判所も指摘していることです。

裁判の決め手となったタイムカード

大阪地裁で行われた丸栄西野事件裁判（２００８年1月11日）において、裁判所が次のように判断しました。

「被告会社におけるタイムカードが出勤、遅刻を管理する意味しか有していないといっても、それをもって直ちにタイムカードの記載が従業員の労働時間の実態を全く反映しないということはできない。少なくとも、原告らのタイムカードは継続して打刻されていること、被告会社がタイムカードを管理していたことからすれば、タイムカードの記載が従業員の労働時間と完全に一致するものとまでいうことはできないが、タイムカードが原告らの労働実態とかけ離れておらず、時間外労働時間を算定する基礎となる以上、タイムカードの記載と実際の労働時間とが異なることについて特段の立証がない限り、タイムカードの記載に従い原告らの労働時間を認定するのが妥当である（一部抜粋）」

つまり、**タイムカードは働く上での重要な証拠になる**ということです。ぜひ正しく打電されたタイムカードの記録は忘れずに保存しておきましょう。また、ブラック企業の中には、定時時間になると、**タイムカードを一斉に打電させそれからの時間をサービス残業扱いにする**場合がありますが、そのような時には会社で朝何時から夜何時まで働いていたという証拠を自分自身で残しましょう。自分の身は自分で守るしかありません。

残業記録集め

私は無意識に自分で出退勤ノートを作成して毎日書き連ねていました。これが5月初旬のことです。毎日コツコツと出退勤ノートをつけていたのですが6月も過ぎると出退勤ノートの記録だけで大丈夫なのだろうかと不安に思いました。そこで私に「だけ」可能な証拠をつけることにしたのです。私は社内で朝一番に出社し部署の掃除を命じられていたため、**自分のデスクにある電話機の時刻をスマートフォンで撮る**ことが容易に出来ました。この時1人の先輩社員と一緒に出社していたのですが、先輩社員は煙草を吸うために喫煙所へ行くことが多かったので、私はその隙を逃しませんでした。ご丁寧にその電話機は日付と時刻が表示されるタイプだったので、これもまた重要な証拠の1つとなりました。

また私は、夜の電話機の撮影にも成功しました。私の会社では電話営業の時間が朝7時半時から夜の21時まで（遅くとも21時半まで）と定められていました。そのため、締日の前でなければ21時には電話営業を終了し、それから見込み客への資料送付等の書類を準備するという形だったのです。上司は書類送付の作業中は煙草を吸い、携帯電話をいじりながら作業していたので私自身も携帯電話を書類送付の作業中に使用することが出来ました。また、私の携帯はス

出社後にデスクの電話機を撮った

マートフォンだったのですが、この最先端の電子機器が証拠を撮る時に効力を発揮しました。

スマートフォンでは残業代を取り戻すための証拠をとり得るツールを無料で多く手に入れることができます。例えば、シャッター音が鳴らないカメラ、無料のボイスレコーダー、データをネット上に保存できるクラウドソフト等です。

その中でも私が使用したのは**無音カメラ**と言われるアプリケーションです。この無音カメラというアプリ、読んで字の如く、スマートフォンのカメラを使用する時の撮影音を無くして使用することができます。つまり、先程記述した私の職場状況で携帯電話を使用することに違和感がなければ、周囲に気を付けることによって退社時、もしくは電話営業終了時まで勤務していたという証拠を撮ることが出来たのです。何食わぬ顔をしながらスマートフォンを使用し無音カメラで現在時刻を撮影することは、ストレス負荷も強く大変に苦痛な作業でした。しかし、**過酷な労働環境の中、毎日の出退勤の写真を撮ることで私は退社まで精神を持たせることが出来たのだ**と思います。その後から仕返ししてやろうという気持ちがありましたので……。スマートフォンに付いているカメラ機能で撮るより無音カメラの画質は悪くなりますが、画像にある通り、曜日、日付、時刻がしっかりと映しだされているのがわかると思います。

私がブラック不動産で働いていた頃（２０１２年）のスマートフォンはお世辞にも人にお薦めできるものではありませんでした。充電が1日持たない、不具合が多い等……。しかし、２０１４年現在発売されている機種においては不具合がなくなり、バッテリーも1日、２日なら余裕で持つものが多く発売されています。残業代の証拠を得るためにスマートフォンというツールを活用するのも手かもしれません。

ちなみに、これらのようなアプリを使用するためには、無音カメラのアプリをダウンロードする必要があります。Andoroid（GALAXYやXperia、AQUOS PHONE等）の場合はPlayストア（Google Play）、iPhoneの場合は、App Storeでアプリケーションをダウンロードしてみて下さい。参考に私の場合はウバ無音カメラFree（ウィジェット無音撮影機能付）というアプリをGoogle Play（なんと無料！）からダウンロードして使用しました。

また、撮影に際して1つ注意点があります。それは電話機の画像だけではなく、**そこが自分の机であることを証明しなければ証拠として確かなものにならない**ことです。ブラック企業は卑怯

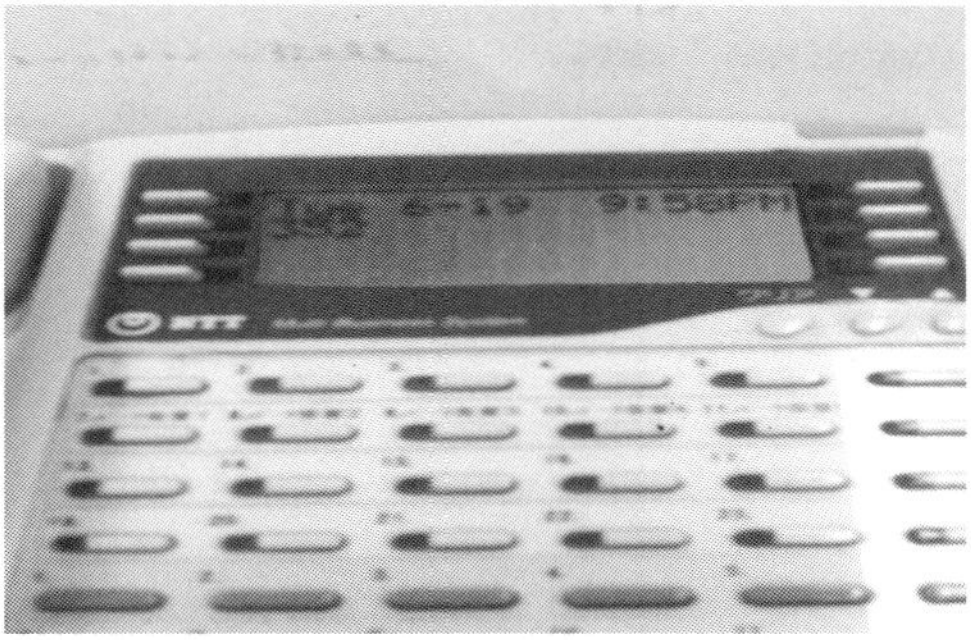

退社前に無音カメラで電話機を撮った

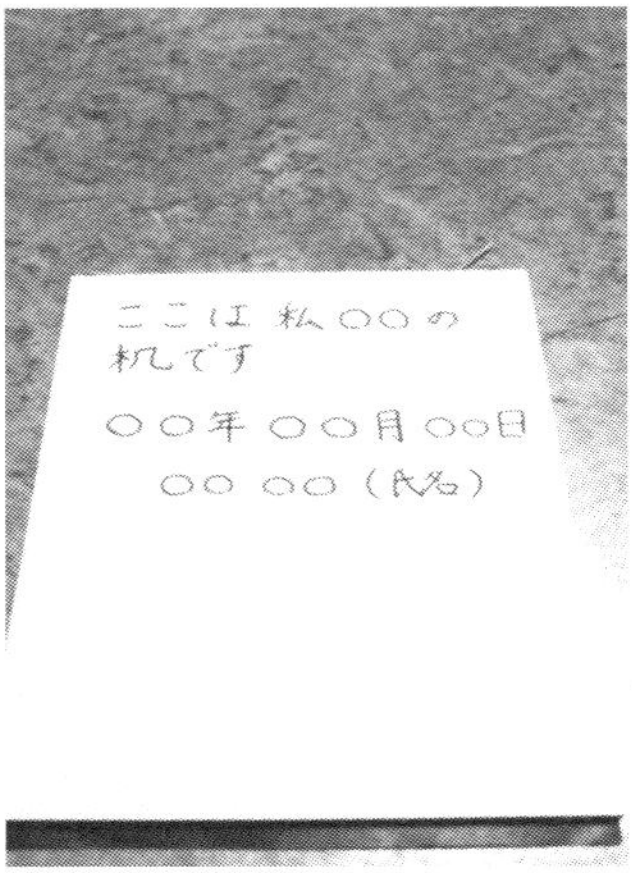

右：自分の机だと証明する写真（横山祐太と書いてあり、自分の机だとわかる）
左：自筆のメモと一緒にデスクの写真を撮ることで証拠の請求力が増す

で害悪な存在ですので、きっちり自分の会社の自分の机で撮っているとわかる写真を撮影しておきましょう。私の場合は次の写真のように、わざわざ名前が書かれた置物が置かれていたのでそれを撮影するだけで済みました。もしそのようなものがない場合はメモ帳に「ここは私、○○○○（名前）の机です」と書き、月日、印鑑等を添えて一緒に撮影すると良いと思います。余談ではありますが掲載画像の学習ノートなるものには強制的に「学ぶ心」、「感謝の心」、「奉仕の心」と書かされました。今思えばこれは「奴隷の心」「社畜の心」「奉仕の心」だったのだなと思います。

タイムカードがある方はタイムカードのコピーを取るのはもちろんのこと、**業務でパソコンを使用している場合はログイン、ログアウト時の情報を印刷して保管するのもいい**でしょう。最近はサイボウズや、Microsoft Office365等のグループウェアを日々の業務に採用している企業も多いと聞きます。

ぜひ自分自身に合った出退勤記録をつけてみてください。また、ブラック企業の同僚に残業代請求のことを話してしまうと、その同僚を通じて上司に話が伝わってしまい、悪質な嫌がらせを受けるかもしれません。本当に信用している家族、友人以外には話を漏らさずに事を進めていくことが必要でしょう。

　このような誰も信用できない時代傾向は最近の歌にも表れています。２０１３年８月にサザンオールスターズが活動を再開したのは記憶に新しいところですが、同月発売の彼らの楽曲で三井住友銀行のＣＭソング「栄光の男」の歌詞を見て私は驚愕しました。

「信じたものはメッキがはがれていく」

「鬼が行き交う世間、渡り切るのが精一杯」

「この世は弱い者には冷たいね」

　どうでしょうか。私には酸いも甘いも知っているサザンオールスターズが今の世の中に対して声明を述べている気がします。働くという部分でも、日本の会社の雇用形態は変化しています。人を使い捨てる会社が増えてきている世の中。その中で何を信じるか、何をやるのかを問いかけてくれる名曲だと思います。様々な世代に受け入れられている彼らの曲だからこそ、この場で紹介させて頂きました。最後にこのサビを紹介し、この項を締めたいと思います。

「I will never cry. この世の中に何を求めて生きている?」

　あなたが求めているもの。私には痛いほどわかります。行動しましょう。

残業代を取り戻そうとしたきっかけ

そもそも私が残業代を取り戻そうと思った「きっかけ」があります。それは同じビルテナントに入居していたブラックメーカーの従業員が未払い残業代請求を起こしたことです。これは大々的にニュースになり、私もＴＶやインターネットで知ることができました。本当に残業代を取れるのだろうかと不安になっていた矢先に、思わぬところで援護射撃をもらえたのです。

強力な前例が身近に起こったことで、私の中で、

「本当に残業代を取り戻す行動をしていいのだろうか」

という迷いがここで吹っ切れ、

「同じビルで働いていた人が成功したのならば俺にだって残業代を取り戻せる」

というふうに思考が切り替わりました。

地域労組での出会い

私はまず、自分の状況を理解してくれる組織を探すためにある場所へ電話をしました。

それが地域労働組合（以下、地域労組）です。私の働いているブラック不動産には労働組合

がありませんでした。今思えば社員を奴隷として扱うことを前提としているような会社にあるわけがないのですが（笑）。そこで、労働相談を無料で行っている機関をインターネットで探したところ弁護士事務所やＮＰＯ、全労連、全労協等が存在していることがわかったので、自分が住んでいるところから１番近い労働組合を選びました。それが全労連系列の地域労組だったのです。

次の項ではあなたの力になってくれる各労働組合・その他団体の違いについて簡単に記述します。自身の信条や支持政党等と照らし合わせて、加入できそうな組合・組織があればぜひ加入してみてください。また、困っていてにっちもさっちもいかない時にはすぐにでも労働機関へ相談をしてください。どの労働機関もきっとあなたを助けてくれるはずです（詳しい連絡先やＵＲＬは巻末の付録をご参照ください）。

様々な労働相談団体

１．全労連系労働組合

労働相談ホットライン　ＴＥＬ：０１２０-３７８-０６０

私が所属しているのがこの全労連系の地域労組です。全労連とは、「全国労働組合総連合」の略称で、この労働組合の特色として、共産党と関係が深いことが挙げられます。特に選挙時期になると、共産党に入れてほしいという旨の連絡が回ってくることがあります（笑）。それでも私が所属している組合では、選挙や活動への強要は一切無く自分の意志で決められるので、共産党の人間を見るのも嫌だという方以外にはおすすめできる組合です。ちなみに私は無党派層で、特に拒否反応は起こしませんでした。また、私の所属している地域労組（大阪地域）は対応がいいので大阪に住んでいる読者にはお薦めできます（個人的なバイアスがかかっていますが）。

２．連合系労働組合

労働相談ＴＥＬ：０１２０-１５４—０５２

次に連合系労働組合が挙げられます。連合とは、「日本労働組合総連合会」の略称で、この労働組合の特色として、民主党と関係が深いことが挙げられます。また、加入組合員の数としては日本で最大規模であり、大企業や、公務員系の労働組合がこちらに属していると一般的に言われています。２０１３年９月29日に社会派作品『大地の子』、『白い巨塔』等の著者である山崎豊子さんが亡くなられましたが、彼女の作品、『沈まぬ太陽』の作中でこの連合系労働組合が会社の御用組合だと描写されています。しかしそれは昔の話で、現在は加入組合員が多いという数の力を活かし、春先に行われる春闘やベア（賃金のベースアップ交渉）等では一際の存在感を放っている組合です。社会への影響力が強い組合を選ぶとしたら連合でしょう。

３．全労協系労働組合

労働相談ＴＥＬ：０１２０―５０１―５８１

組合として最後に挙げられるのが全労協系労働組合です。全労協とは、「全国労働組合連絡協議会」の略称で、この労働組合の特色として、社民党と関係が深いことが挙げられます。他の２つの組合と比べると組合員数は多くないようです。私自身も労働組合全てに熟知しているわけではありませんので、読者に全労協関係者の方がいましたらぜひ他組織との違いを教えて頂ければと思います。

４．日本労働弁護団

労働ホットライン＝各地域に点在。ＨＰ参照

この日本労働弁護団は労働組合ではなく、弁護士で組織される団体になっています。無料で労働相談を行っており、法律の専門家である弁護士に話を聞いてもらいたい！　といった状況ではこちらを活用するのもよいでしょう。弁護士を斡旋しているところでもあり、費用が高額になる可能性もあります。

５．ＮＰＯ法人ＰＯＳＳＥ

労働相談＝東京、京都、仙台に相談窓口あり。ＨＰ参照。

最後に、ＮＰＯ法人ＰＯＳＳＥの紹介です。今までに紹介してきた組合、団体とは雰囲気が違っており、若者が主体となって運営している組織となっています。また、代表の今野晴貴氏は『ブラック企業』、『ヤバイ会社の餌食にならないための労働法』等の著書も出版しており、

ブラック企業に勤めている読者には強い味方になることでしょう。一部にしか相談窓口がないのがネックになりますが、該当地域に在住している読者は相談してみるのも手です。

無知を痛感

私はこれらのような組織が、労働問題で困っている人達のために活動していることを初めて知りました。事件の当事者にならないと、どういう活動を行っているか知ろうとも学ぼうともしない人がほとんどではないでしょうか。ご多分に漏れず私もその中の１人だったわけです。私はこのような状況の中で、**自分を助けてくれる組織がある**とわかっただけでも心強く感じました。

私が相談に行った地域労組（全労連系）は、主に大阪市にある会社に勤めている人へ無料で労働相談を行っている組織でした。また、自分達のＨＰを持っていたのでそのページにアクセスして恐る恐る表示されている電話番号に電話してみました。そうしたところ、初老の男性が対応してくださり、簡単な状況の説明を話したところ、無料労働相談を設定してくれたのです。

無料労働相談の日。私は残業代請求の証拠に成り得る資料を全て引っ下げて、地域労組に向かいました。労働状況の説明のために用意したのは、①リクナビの募集要項（雇用契約書がなかったのでその代わりに）、②給与明細書、③毎日の勤務時間を記したノート、④出勤時と退勤時の時間が表示されている電話機の画像集、⑤退職するときの面談でサービス残業を容認するかのような発言を録音したボイスレコーダーの文字起こし資料、⑥名刺の６点です。結果的にこれらの資料のおかげで、労働相談でも自分が勤めていたブラック不動産のひどさ、未払い残業代の多さを地域労組の方々に実感してもらえたと考えています。

一方、無料で労働相談してくれる労働機関であっても、証拠が全くない等の勝ち目がない争い事の相談に真剣に乗ってくれるとは限りません。誰から見てもおかしいとわかる証拠を持って、労働相談機関へ行くことによって建設的に話が進みますので、積極的に証拠を用意しましょう。やはり**全てが人任せでは、労働組合側も真剣に取り合ってくれません。**大事なのは、あなたが残業代を本当に取り戻したいと思う「気持ち」です。

残業代を取り戻した３ステップ

地域労組での無料労働相談の結果、私は十分に未払い残業代を請求できる資料、状況が揃っていたのでアドバイスを頂きながら行動に移すことにしました。

私の未払い残業代請求ステップとしては、

残業代を払う旨を記載した内容証明郵便（配達証明付）郵送からのやり取り
↓
団体交渉
↓
和解。残業代50万返還！

という3ステップになりました。順を追って詳しく説明していきます。

内容証明郵便

まず内容証明郵便（配達証明付）の郵送です。この項目を説明する前に「そもそも内容証明郵便ってなんだ？」という方が多いと思うので最初に説明したいと思います。

内容証明郵便とは、自分が作成した手紙の内容を郵便局が証明してくれるということです。この内容証明郵便を送ることにより、消滅時効の中断をすることができるようになります。また、この消滅時効は「催告」を行うことにより発生する権利になります。

民法第１５３条によると、半年以内に、労働審判や少額訴訟（詳しくは最終章で後述）等の裁判を行う場合に、内容証明郵便を送付しておくと会社へ届いた日に時効が中断することになります。つまり、内容証明郵便が届いた日から過去2年間の未払い残業代を払わなければいけなくなるのです。

そして、**内容証明郵便は必ず「配達証明付」で出して下さい。**配達証明付とは、「一般書留郵便物等を配達した事実を証明します」とされています。どういうことかというと、読んで字の如く、郵便物が○年○月○日○時に**相手先が受け取ったことを郵便局が証明してくれる**サービスです。これにより、もし、未払い残業代請求先企業が「そんな書類は届いていない！」、「手紙は届いたが内容は見ていないので知らない！」と言い張っても前述した内容証明郵便により郵便局で内容が証明され、更には配達証明で配達日時も記録されているため、後に法律的な争いになった場合にも有利になります。ですので、未払い残業代請求をする際には必ず内容証明郵便（配達証明付）で出しましょう。また、内容証明郵便（配達証明付）は相手先に送付後、郵便局が自分の元へ届いたことを知らせる配達証明書が送られてきます。相手先に届いたことを確認できることで自分の精神を安定させる効果もあります。

内容証明郵便の送付──1回目

次に内容証明郵便の作成方法についてです。私が実際に未払い残業代を請求したものを呈示して説明していきますね。

73頁に私が最初に送付した内容証明郵便（**書面1**）があります。この文例を例に内容証明郵便のルールを確認していきましょう。

まず字数行数の確認です。内容証明郵便には、

縦書きの場合　1行20字・26行以内

横書きの場合　1行20字・26行以内

1行13字・40行以内

1行26字・20行以内

といった決まりがあります。私の作成した内容証明郵便の場合は、1行20文字以内、1枚26行以内で収められているのがわかると思います。行数が多くなる場合にはもったいないからといって行数を1枚に詰め込むのではなく、2枚に分けて作成するとすっきりとした印象になります。この字数、行数を超えている場合には、郵便局で受け付けてもらえませんので注意しましょう。

また、枚数が2枚以上になる場合には、割印が必要なので持参の上、郵便局に持って行って下さい。

次に確認しなければいけないのが、字数の計算方法についてです。内容証明郵便の字数の計算方法は少し特殊です。例えば、タイトルに傍線をつけると、

未払い賃金請求書

このようになり、普通に考えれば、8文字になりますが、内容証明郵便では傍線を1文字と

平成 25 年 7 月○（中旬）日

（未払い残業代請求先会社住所）

大阪市○○

○○ビル○階

株式会社　○○

代表取締役社長　○○　○○　殿

（自分の住所）大阪市○○

○○マンション○○号

横山　祐太

未払い賃金請求書

私、横山祐太は平成 24 年 4 月 1 日から同年 6 月 26 日までの勤務に関し、労働基準法に基づき、下記の通り未払い賃金等の支払を請求します。

請求した未払い賃金については労働基準法第 23 条により、本書到達の日から 7 日以内に支払って下さい。

支払い方法は、次の銀行口座への振り込みによることとします。

○○銀行　○○支店

普通口座番号　○○○○○○○

口座名義人　横山　祐太

記

1、6 月分月例賃金（7 月 5 日支払分）及び 7 月分月例賃金（8 月 5 日支払予定分）

　計　¥30 万 2960 円

2、時間外勤務に関わる、未払残業代賃金

　計　¥56 万 0891 円

また、退寮に伴い当方が負担すべき費用が存在する場合は、法律上妥当な金額を支払いますので別途ご請求下さい。当該費用の賃金からの控除は拒否します。

本人の同意を得ない賃金からの控除、精算は労働基準法 24 条で禁止されていますのでご承知おき下さい。

尚、前記 1 項及び 2 項で請求した金員の支払いが、本書送達後 10 日を経過した日に当方において確認できない場合は、支払いの意志がないものとみなし、遅延損害金、遅延利息を含め、法的措置を講じることとしますので念の為申し添えます。

以　上

書面 1　内容証明郵便の作成例

して扱うので合計9文字ということになります。また、例えば㎡（平方メートル）は2文字として扱う等、内容証明郵便だけのルールが決まっていますので、これらを守った書式を心がけましょう。その他のルールに関しては、日本郵便HPの「内容証明　ご利用の条件等」ページに記載がありますので目を通して下さい。

次に、送った内容証明郵便の中身を確認します。まず、請求する会社名の住所、代表取締役氏名を最初に書きます。そして、次に自分の住所、氏名を書き、題名に**「未払い賃金請求書」**と記入します。請求書と聞くと強い表現になるので「お願い」とした方がいいのでは、という質問が挙がってきそうですが、「残業代を支払って下さい。お願いします」等と甘いことを言っていては請求先企業から舐められます。「請求書」という強い表現を使うことで相手方にも本気度をわからせることが出来るでしょう。それでは肝心の内容について説明していきます。**大切なポイントは5つあります。**

①残業代の総額

総額については計算等を行う必要がありますので、最後に詳しく説明します。算出された残業代の総額を書面に入れ込んで下さい。

②残業代の請求期間

労働基準法第１１５条によると「この法律の規定による賃金（退職手当を除く）、災害補償その他の請求権は2年間、この法律の規定による退職手当の請求権は5年間行わない場合においては、時効によって消滅する」とされています。つまり、**未払い残業代を請求できるのは直近の「2年間」まで**だということです。この期間を請求期間として記載しましょう。また、前述した通り、催告による消滅時効の発生により、裁判を起こしても2年前まで残業代はもらえる権利があるのでご安心ください。

③労働基準法違反の指摘

労働基準法第23条によると、「使用者は、労働者の死亡又は退職の場合において、権利者の請求があった場合においては、７日以内に賃金を支払い、積立金、保証金、貯蓄金その他名称の如何を問わず、労働者の権利に属する金品を返還しなければならない。前項の賃金又は金品に関して争がある場合においては、使用者は、異議のない部分を、同項の期間中に支払い、又は返還しなければならない」とされています。つまり、働いて稼いだ賃金は、しっかりともらう権利があるということです。**この労働基準法第23条を記載することによって相手に支払いを急《せ》かすことができるでしょう。**

また、労働基準法第24条によると、「賃金は、通貨で、直接労働者に、その全額を支払わなければならない。ただし、法令若しくは労働協約に別段の定めがある場合又は厚生労働省令で定める賃金について確実な支払の方法で厚生労働省令で定めるものによる場合においては、通貨以外のもので支払い、また、法令に別段の定めがある場合又は当該事業場の労働者の過半数で組織する労働組合があるときはその労働組合、労働者の過半数で組織する労働組合がないときは労働者の過半数を代表する者との書面による協定がある場合においては、賃金の一部を控除して支払うことができる」とされています。つまり、会社が勝手に支払い給与から社宅退去費用、その他諸費用を、本人の同意を得ずに支払い予定給料から差し引くことは、労働基準法違反になります。これによって、不当な諸費用が給与から引かれることを防ぐことができます。

私の場合は、社宅退去費用を支払い予定給与から差し引かれることを恐れていたので、この文面を内容証明郵便に組み込みました。**支払い給与から不当に何らかの費用が控除されそうな場合は労働基準法第24条を入れてみるのも良いでしょう。**

④振り込み口座・⑤締切期日

あなたが使用している普通預金口座を記入しましょう。特にこの項目については説明が必要ないかと思います。また、この振り込み口座に関しては後々に変更も可能です。私は最初、三菱東京ＵＦＪ銀行の口座を記載したのですが、最後には便宜的にゆうちょ銀行の口座に未払い残業代が振り込まれることとなりました。

締切り期日も確実に入れ込みましょう。期限を設定していないと、会社側がこちらを甘く見て返信そのものすら送ってこない可能性もあります。以上の５点は絶対に入れましょう。

他に内容証明郵便に書いてある**遅延損害金**と**遅延利息**について説明していきます。

遅延損害金

遅延損害金とは、簡単に言うと「本来支払われるべき給与が支払われなかった場合にもらえる損害賠償金」のことです。商法第５１４条によると、「商行為によって生じた債務に関しては、法定利率は、年６分とする」とされています。この法律に基づき、未払い残業代が支払われるべき給料日の翌日から、退職日までの年６％の利子をつけて請求ができることになります。会社側によっては支払わない場合も多いのですが、追記することによって請求力を増すことができます。

遅延利息

また、退職後からは遅延損害金とは別に遅延利息という損害賠償金が付きます。賃金の支払の確保等に関する法律第6条によると、「事業主は、その事業を退職した労働者に係る賃金（退職手当を除く。以下この条において同じ）の全部又は一部をその退職の日（退職の日後に支払期日が到来する賃金にあっては、当該支払期日。以下この条において同じ）までに支払わなかった場合には、当該労働者に対し、当該退職の日の翌日からその支払をする日までの期間について、その日数に応じ、当該退職の日の経過後まだ支払われていない賃金の額に年14・6パーセントを超えない範囲内で政令で定める率を乗じて得た金額を遅延利息として支払わなければならない」とされています。

これらをまとめると、未払い残業代が発生した給料日の翌日から退職までは年利6％、退職後から残業代が支払われる日までに年利14・6％の利息を上乗せして請求することができます。

私が在籍していたブラック不動産には効果が薄かったようですが、**内容証明郵便に付け加えるだけで利息分の金額を払ってもらえる可能性がある**のでぜひ追記しましょう。

付加金

遅延損害金、遅延利息の補足でさらに説明したいことがあります。それは「付加金」の存在です。労働基準法第１１４条によると、「裁判所は、第20条、第26条若しくは第37条の規定に違反した使用者又は第39条第7項の規定による賃金を支払わなかった使用者に対して、労働者の請求により、これらの規定により使用者が支払わなければならない金額についての未払金のほか、これと同一額の付加金の支払を命ずることができる。ただし、この請求は、違反のあった時から2年以内にしなければならない」とされています。つまり、裁判等により、未払い残業代を請求する際に、請求金額と同等の金額を更に得られる可能性があるのです。例えば、未払い残業代請求額が１００万円だった場合は更に追加で１００万円の合計２００万円を取り戻せることになります。

２０１３年に「半沢直樹」というドラマが人気になりました。作中のセリフで、

「やられたらやり返す。倍返しだ！」

というセリフがありましたが、このセリフと同様、未払い残業代を払わないブラック企業に**「倍返し」**をすることも可能なのです。労働に関するルールをしっかりと理解することで反撃の糸口をつかめます。そう思えば労働に関する知識の勉強も楽しくなってきませんか？　頑張

りましょう！

残業代の計算方法

残業代の総額を算出するため、私のいたブラック不動産の3ヵ月分の出退勤表をチェックしながら、残業代の計算方法を学んでいくこととします。ブラック企業に関する本は多く発刊されていますが、残業代の計算方法という重要な部分を既に知っているものとして省いている本も少なくありません。知ってて当然と思う読者の方も念のため参考にして下さい。私自身、内容証明郵便を会社側にはじめて送った時の残業代の計算が間違っていたりしていました。ここで計算する数字が1番正しい数字になるので、これから出てくる内容証明郵便に記載されている会社側からの残業代計算書に関する言及は、流しながら読んで頂けるとありがたいです。

まず労働基準法第32条では、「使用者は、労働者に、休憩時間を除き1週間について40時間を超えて、労働させてはならない。使用者は、1週間の各日については、労働者に、休憩時間を除き1日について8時間を超えて、労働させてはならない。使用者は、当該事業場に、労働者の過半数で組織する労働組合がある場合においてはその労働組合、労働者の過半数で組織する労働組合がない場合においては労働者の過半数を代表する者との書面による協定により、又は就業規則その他これに準ずるものにより、1ヵ月以内の一定の期間を平均し1週間当たりの労働時間が前条第1項の労働時間を超えない定めをしたときは、同条の規定にかかわらず、その定めにより、特定された週において同項の労働時間又は特定された日において同条第2項の労働時間を超えて、労働させることができる」とされています。

つまり、**1日8時間、1週間40時間を超えると残業代が発生する**こととなるのです。この1日8時間、1週間40時間という区分を「法定労働時間」と言います。これを前提として残業代の1時間あたりの単価を求めましょう。

参考「割増賃金の基礎となる賃金とは？　厚生労働省」

残業代の単価を求める公式は

所定労働時間1時間あたりの時給×残業時間×割増賃金率

となっています。まず所定労働内の1ヵ月あたりの時給を算出します。「所定労働時間」とは、就業規則や募集要項等に記載されている通常の労働時間のことです。

所定労働内1時間あたりの時給は

月の所定賃金額÷1ヵ月の平均所定労働時間

で求められます。まずこの1ヵ月の平均所定労働時間を求めます。計算式は、

365（うるう年は366日）－年間所定休日×1日あたりの所定労働時間÷12ヵ月

という計算式で1ヵ月あたりの平均労働時間が算出されることになります。私の事例を使い一緒に計算してみましょう。先の公式にまず私の労働状況を反映させます。なお2012年はうるう年だったため366日で計算しています。また、年間所定休日は就業規則が開示されていなかったため、リクナビに出ている募集要項を元に計算しました（笑）。

366日－19日（長期休暇＝年末年始8＋GW4＋お盆5）－76（通常休日＝月の第1、第3火曜日、毎週水曜日）＝271日。271日×1日あたりの所定労働時間（8時間）＝2168。2168÷12＝180・67。1ヵ月あたりの平均所定労働時間は180・67時間ということになりました。これで1時間あたりの時給がわかります。前の1時間あたりの時給の公式に私の労働を反映させると、

20万9000円÷180・67＝1157円（小数点切り上げ）

となります。ちなみに月の所定賃金額に残業手当や交通費等は含みませんので注意しましょう。これで所定労働内の1時間あたりの時給が1157円ということがわかりました。この時給を残業時間の時給に変換するために割増賃金率を掛けます。

※割増賃金率

1　時間外労働　2割5分以上

（大企業の場合は1ヵ月60時間を超える場合は5割以上）

2　休日労働　3割5分以上

郵 便 は が き

料金受取人払郵便

神田局
承認

1010

差出有効期間
平成28年2月
28日まで

101－8791

507

東京都千代田区西神田
2-5-11出版輸送ビル2F

㈱花 伝 社 行

ふりがな
お名前

お電話

ご住所（〒　　　　　　　）
（送り先）

◎新しい読者をご紹介ください。

ふりがな
お名前

お電話

ご住所（〒　　　　　　　）
（送り先）

愛読者カード

このたびは小社の本をお買い上げ頂き、ありがとうございます。今後の企画の参考とさせて頂きますのでお手数ですが、ご記入の上お送り下さい。

書 名

本書についてのご感想をお聞かせ下さい。また、今後の出版物についてのご意見などを、お寄せ下さい。

◎購読注文書◎

ご注文日　　　年　　月　　日

書　　名	冊　数

代金は本の発送の際、振替用紙を同封いたしますので、それでお支払い下さい。
（２冊以上送料無料）

なおご注文は　FAX　03-3239-8272　または
メール　kadensha@muf.biglobe.ne.jp
でも受け付けております。

3　深夜労働　2割5分以上

・時給1157円×1・25＝1446円

さて、ここで私の4月から6月までの出退勤表を見て残業時間を計算してみましょう。

4月

就労日：26日

月給：20万9000円

時給：1157円

残業時給：1446円

実働時間：321時間21分

所定内：176時間

残業内：145時間21分

4月分の残業代の計算は簡単です。時間外労働が145時間21分だけなので、計算式は

145時間×1446＝20万9670円

また、1時間未満の分も計算するので

21分÷60＝0・35

0・35×1446＝506円

4月分残業代合計：21万１７６円となります。

5月

就労日：24日
月給：20万９０００円
時給：１１５７円
残業時給：１４４６円
実働時間：３１８時間47分
所定内：１５２時間
残業時間：１５３時間42分
深夜時間：１時間５分
休日時間：13時間５分
厄介なのは５月分の残業代からになります。まず、時間外労働の計算です。
　１５３時間×１４４６円＝22万１２３８円
　４２分÷60＝０・７０
　０・７０×１４４６＝１０１２円
時間外労働合計＝22万２２５０円

そして次に深夜労働の残業代の計算です。

１１５７円×１・５（時間外労働２割５分＋深夜労働２割５分）＝１７３５円

１７３５円×１＝１７３５円

５分÷60＝０・０９

０・０９×１７３５円＝１５６円

深夜労働合計＝１８９１円

最後に休日労働の残業代の計算です。

１１５７円×１・３５（休日労働３割５分）＝１５６２円

１５６２円×１３＝２万３０６円

５分÷60＝０・０９

０・０９×１５６２円＝１４０円

休日労働合計＝２万４４６円

５月分残業代合計＝24万４５８７円

６月

就労日：24日

月給：20万９０００円

時給：１１５７円
残業時給：１４４６円
実働時間：３０６時間40分
所定内：１５２時間
残業時間：１５２時間40分
深夜時間：10分
休日時間：２時間

６月分残業代も５月分の要領で計算します。

まず、時間外労働の計算です。

１５２時間×１４４６円＝21万９７９２円
40分÷60＝０・６７
０・６７×１４４６円＝９６８円
時間外労働合計＝22万７６０円

次に深夜労働の計算です。

１１５７円×１・５（時間外労働２割５分＋深夜労働２割５分）＝１７３５円
10分÷60＝０・１７
０・１７×１７３５円＝２９４円

深夜労働合計＝２９４円

最後に休日労働の計算です。

　１１５７円×１・３５（休日労働３割５分）＝１５６２円

　１５６２円×２＝３１２４円

休日労働合計＝３１２４円

６月分残業代合計22万４１７８円

４月～６月分までの残業代を合計します、

４月分残業代21万１７６円

５月分残業代24万４５８７円

６月分残業代22万４１７８円

合計67万８９４１円

そして今までに支払われた残業代を４月～６月分残業代合計から引きます。

既払金11万６７９９円

これで支払いを求める未払い残業代の合計が出ました。

未払い残業代

67万８９４１円－11万６７９９円＝56万２１４２円

この数値を内容証明郵便の残業代総額に入れ込みましょう。また、最初は残業代の総額だけを入れて相手の出方を伺うのも吉です。そしてその後の進展によって今までに行ってきた精緻《せいち》な計算方法を提出するのがよいでしょう。

内容証明郵便。会社側から1回目の返信

内容証明郵便を送付後、約2週間して、ブラック不動産から内容証明郵便で返事が送られてきました**（書面2）**。これからの会社側とのやり取りは、紙面の関係上、内容証明郵便の様式は無視し原文ママ載せますのでご了承ください。

まず、驚いたことはブラック不動産が弁護士を立てて応戦してきたことです。しかも立ててきた弁護士は通称「ヤメ検」と言われている関西では有名なブラック弁護士だったのです。ヤメ検とは、検事を辞めて弁護士になった人物を指します。新潮文庫から出版されている『ヤメ検――司法エリートが利欲に転ぶとき』にもこのような人物達について詳しく載っているので興味のある方は参考にして頂ければと思います。ここで私はブラック不動産に、ブラック弁護士が味方している現状に対して憤りを感じました。もちろん今まで弁護士と対決したことなどあるわけがありませんから不安で一杯です。その時ふと、ある人の言葉が私の頭に浮かんでき

平成 24 年 7 月○（下旬）日
〒○○○ - ○○○○
大阪市○○
○○マンション○○号
横山　祐太　様

〒○○○ - ○○○○
大阪市○○
○○ビル○階
電　話　○○-○○○○-○○○○
FAX ○○-○○○○-○○○○
株式会社○○　代理人
弁護士　○　○　○　○
同　弁護士　○　○　○　○

回　答　書

冠省　当職らは、株式会社○○（大阪市○○○○ビル○階、代表取締役○○○○）の代理人として本書を差し出します。平成 24 年 7 月○日付け貴殿未払い賃金請求書に対し、次のとおり回答いたします。まず、6 月分及び 7 月分の賃金については、6 月分 17 万 8479 円、7 月分 3 万 6964 円の合計 21 万 5443 円の合計 21 万 5443 円を平成 24 年 8 月 3 日に貴殿ご指定の預金口座へ振り込む方法によってお支払いします。給与明細書を別送いたしますのでご確認ください。

次に、貴殿ご主張の未払残業代については、根拠なきご請求であり、支払を拒否します。残業手当については、当社としては平成 24 年 4 月 1 日から同年 6 月 26 日までの残業手当として、平成 24 年 8 月 3 日支給分を含め 11 万 6799 円を貴殿に支給しており、当該支給に見合う以上の残業を貴殿が行った実績は存在しません。万一、貴殿に当社が把握していない時間外労働の事実がある場合、ご請求の根拠となる残業実績に関する証明資料をご提示ください。

なお、貴殿が使用された社宅の原状回復費用 4 万 2000 円及び水道料金 3150 円の合計 4 万 5150 円（費用内訳は別送します）をお支払いいただく必要がありますので、本書をもって請求します。平成 24 年 8 月 10 日までに下記口座に振り込む方法でお支払いください。上記期日までにお支払なき場合、改めて催告することなく、貴殿に対し、法的措置を採ることとなりますので、その旨、念のため申し添えます。本件については、すべて当職らが代理しておりますので、今後のご連絡は当職らあてにいただけますようお願いします。

草々

〈振込口座の表示〉
○○銀行・○○支店 / 当座○○○○○○ / ㈱○○
差出人
〒○○○ - ○○○○　大阪市○○　○○ビル○階○○○○法律事務所
弁護士　○○○○

書面 2　内容証明郵便。会社側から 1 回目の返信

ました。民法学者である末川博先生の言葉です。彼はこのような言葉を残しています。

法の理念は正義であり
法の目的は平和である
だが法の実践は社会悪と
たたかう闘争である

と。なぜ文学部出身の私がこのような言葉を知っていたのかというと卒業した立命館大学の法学部棟入り口にこの言葉が記されていたからです。学生時代は何とも思っていませんでしたが社会悪と闘うこの段階になって言葉が思い起こされたのです。皆さんにも経験があるかもしれませんが、偉人の言葉というものは自分が窮地に立たされた時に力強い助けになることがあります。私はこの言葉のおかげで、

「悪に屈せずに闘ってやろうじゃないか！」

という気持ちになることができました。ブラック不動産に味方するヤメ検らの行動は末川先生の考え方と真逆なものです。彼らの考え方を邪推すると、

法の理念は悪であり
法の目的は戦争である
だから法の実践は金儲けに使う手段である

ということなのでしょう。頭が良いのなら頭脳をなぜ日本のために、社会のために使わない

のだろうと今でも疑問に思います。私はここで絶対にブラック不動産、ブラック弁護士に負けないで残業代を取り戻すと決心しました。

閑話休題。ブラック不動産側の回答ですが、

・今まで働いた分の定例賃金21万５４４３円は払う
・未払い残業代については認めない
・退去費用は４万２０００円でよい

ということでした。ブラック不動産では、定例賃金の支払いさえ拒否されるという可能性が十分に起こりえたので、生活資金である定例賃金がしっかりと支払われるということはある意味で一安心でした。

社宅退去費用の減額に成功！

そして、内容証明郵便を最初に出していちばん嬉しかったことは**法外な社宅退去費用が30万円から４万円になった**ことです。その差額はなんと26万円にも上ります。ブラック不動産は自分達がグレーなことをしていると理解しつつ法外な社宅退去費用を退職する社員に請求していたのでしょう。社員の時は奴隷のように使い捨て、最後に辞めるときにも利益を出すよう

に法外な社宅退去金を請求する。企業として利益を出す姿勢は立派なものですが、ルールを守らず得たお金はまっとうなものではありません。因果応報。必ずこのブラック不動産には巡り巡ってしっぺ返しがくるでしょう。

また、笑い話なのですが、社宅から退去をするときの引っ越し業者の方が、偶然にもここの元社員でした。前述した白髪交じり、急性胃腸炎先輩社員の同期だったということで、その方は半年間頑張って勤めていたが辞めたそうです。また、その方も法外な社宅退去金を取られ、命からがら逃げ出したことを話していました。

さらには、同じ会社で耐え忍んでいた親近感からか、色々なお話を聞くことができました。昼休みにいきなり失踪した者、何の前触れもなく社宅が空っぽになり行方不明になった者……等。私はその話を聞いて本当に辞めてよかったと感じました。

しかし、**肝心の未払い残業代については払うのを「一切拒否」**されました。あちらの言い分として、「根拠なき請求」であり、「時間外労働」の**事実があるなら証拠を見せろ**というのです。夜23時を過ぎてもオフィスの電気がついているブラック企業が、何をほざいているのでしょうか？　このような会社側からの内容証明郵便の返信は私の怒りを更に高まらせ、絶対に残業代を取り戻してやると思い、返信の内容証明郵便の作成に移りました。

内容証明郵便の送付――2回目

まず、社宅の現状回復費用については４万５１５０円で妥協しました。これ以上社宅退去費用に手間をかけたくなかったからです。

残業代の証明資料については、前述した毎日の残業計算のまとめ（改変前）を企業に別途普通郵便で郵送しました。この時点では自分の机の電話機画像等の証拠はまだ提出していません。今回の内容証明郵便（書面３）では前の項で説明した遅延損害金と遅延利息についての文章を入れ込み、会社側に圧力をかけてみました。そしてお盆を挟んで約３週間でブラック不動産側から返信が届きました。

内容証明郵便――会社側から2回目の返信

ブラック不動産側からの２回目の内容証明郵便（書面４）では、送付した**残業代計算書について具体的に反撃**がありました。例えば、入社式での解散時間や、合宿研修に行く際の振替休日の告知の有無等、こちらが把握し切れていなかった不明確な終了時間に始まり、休日や休憩時間等にも詳細に説明してくれと言及しています。そもそも、就業規則や雇用契約書がな

平成 24 年 8 月○（初旬）日
〒○○○ - ○○○○
大阪市○○
○○ビル○階
弁護士　○○殿
（株式会社○○代理人）

〒○○○ - ○○○○
大阪市○○
○○マンション○○号
横山　祐太

未払い賃金請求等申し入れ

平成 24 年 7 月○（下旬）日付にて貴方より来状ありました回答書に関し下記の通り未払い賃金の説明及び請求等申し入れ致します。尚、社宅現状回復等の合計 4 万 5150 円については 8 月○日に貴ご指定の口座に振り込みましたので、ご通知致します。

記

1　A 時間外勤務に関する未払い残業代賃 ¥56 万 891 円の計算根拠について
昼休憩を除く、1 日 8 時間労働を超える労働時間（分）の月間合計時間数（分）に労働時間単価の所定割増賃金を乗じた額から支払い済み時間外賃金を差し引いた額。詳細は別途郵便にて送付します。
2　A 残業実績証明について
業務終了時の社内電話機の時刻表示、及び小生の勤務ノート
3　A 利息については、6 月分月例賃金（7 月 5 日支払分）7 月 6 日から年利 14・6% として、時間外未払いについての利息は、所定の支払日から退職日（6 月 26 日）までは年利 6%、退職日の翌日から支払日までは 14・6% と致します。

以　上

書面 3　内容証明郵便の送付—2 回目

平成24年8月○（下旬）日
〒○○○-○○○○
大阪市○○
○○マンション○○号
横山祐太様

〒○○○-○○○○
大阪市○○
○○ビル○階
電話○○－○○○○－○○○○
FAX ○○－○○○○－○○○○
株式会○○代理人
弁護士○○○○
同弁護士○○○○

回答書（2）

冠省貴殿の平成24年8月○日付け「未払い賃金の請求等申し入れ」を拝受しました。お申し入れに対し、次のとおり回答します。

1　上記申入書第1項について、同月○日貴殿ご作成の残業代等計算書を受領しましたが、同計算書中に不明点があるため、下記事項について釈明を求めます。

記

・4月1日は入社式であり、会社集合時間が9時45分、式場（高級ホテル）での解散時間が17時30分でしたが、同日の出勤時間が「8:30」、退勤時間が「18:00」と記録されている理由。

・4月4日の法定休日は、同月3日から5日までの研修期間に該当したため、就業規則に基づきあらかじめ同月6日を振替休日とする旨を告知しておりました。したがって、割増賃金が発生する根拠がありませんが、当該日の実働時間の全部を休日割増の対象とされている理由。

・区分の項目中「残業日」の意味について、当該日はすべて出勤日ですが、その実働時間の全部が残業時間となっている理由。

・同項目中、5月15日が「会社休日」に該当する理由。

・休憩の項目中、1時間の休憩時間が「0・45」となる理由。

2　同第2項について、貴殿ご主張の休日出勤及び残業の実績を確認可能な証明資料（貴殿が記録されたとご主張の社内電話機の時刻表示、勤務ノート等）をご提示願います。

3　同第3項以下については貴殿の釈明及び証明資料の内容を検討した上で回答いたします。

4　今後の通信の便宜のため、ファクス又はメールによる文書の送受信が可能であれば、次のファクス番号又はメールアドレスあてに貴殿の文書をご送付ください。従来通り郵便による通信をご希望される場合、普通郵便又はメール便で文書を送付致しますので、ご対応願います。また、お電話による本件のお問い合わせは、当職らあてにいただけましたら対応させていただきます。

草々

ファクス番号○○－○○○○－○○○○
メールアドレス○○○@○○.co.jp

書面4　内容証明郵便―会社側から2回目の返信

い時点でこちらが不利です。手探りで作成した状態なのにも関わらず、このように言われることに私は憤慨しました。

また、地域労組の人々の力を借りて、組合の名前は出さないようにしてきましたが、私個人での残業代請求では相手側の文面から舐めてかかってきていることが伝わってきます。この段階で、地域労組の方々と相談し、労働組合加入通知を送ってもらい、団体交渉へ持ち込むことにしたのです。

地域労組から会社側へ書面送付——1回目

地域労組から労働組合加入通知兼団体交渉申入書**（書面5）**を送ってもらいました。送付してもらった書面に今までには見受けられなかった言葉が見つかると思います。そうです。**「団体交渉」**と**「労働組合法第6条」**という言葉です。順を追って説明していきますね。

団体交渉

団体交渉とは、「労働組合と使用者または使用者団体との間で、労働条件をはじめとする労使関係上の諸問題をめぐって行う交渉をいう。個別的な関係では使用者に対して弱い立場にある労働者は、労働組合を結成し、その力を背景とした団体交渉によって初めて使用者と対等の

平成 24 年 8 月○（下旬）日
〒○○○ - ○○○○
大阪市○○
株式会社○○
代表取締役社長　○○○○様

〒○○○ - ○○○○
大阪市○○
地域労組○○
委員長　○○○○
大阪労連○○労働組合総連合
議長　○○○○

労働組合加入通知　兼　団体交渉申入書

この度、元貴社社員横山祐太氏が「地域労組○○」に加入されましたので通知致します。当労働組合は 1 人でも加入できる労働組合として、労働者の生活と権利を守るために活動している労働組合です。

さて、同氏は貴社在勤中の長時間労働及び休日出勤に対する未払い賃金が発生しています。就きましては、本件解決のため、労働組合法第 6 条による団体交渉を下記の通り申し入れますので、その諾否につき速やかにご回答下さい。

尚、団体交渉の日程等については事前に協議をすることはやぶさかではありません。又、今後本件に関する問い合わせについては当労働組合へご連絡頂き、横山氏への直接の連絡はお断りいたします。

記

1　A 日時　:　2012 年 9 月○日（水）○：○から
2　A 場所　:　貴社内会議室又は貴社近隣の会議室
3　A 出席者 :　貴社　: 問題解決権限を有する役員等
当組合 : 労働組合法第 6 条による関係者及び横山氏
4　団交案件 :
1　時間外労働に対する未払賃金の支払要求について
2　就業規則の提示及び 36 協定の提示
3　貴社が把握している横山氏の毎日の労働時間について
4　その他関連案件
5　連絡先 :
地域労組○○　TEL: ○○ - ○○○○ - ○○○○、FAX: ○○ - ○○○○ - ○○○○

以上

書面５　地域労組から会社側へ書面送付―１回目

立場で交渉し、労働条件の維持・改善、その他労働者の地位の向上を図ることができる（日本大百科全書）」とされています。

つまり、私の場合のように1人で未払い残業代を請求しても取り合ってくれない、舐められるようなケースにおいて、労働組合の力を借りて団体で問題について話し合える制度です。そしてこの団体交渉を可能にする法律が「労働組合法」なのです。

労働組合法

労働組合法とは、「日本国憲法第28条で保障された団結権、団体交渉権、団体行動権の具体的内容を明らかにするとともに、労働組合の組織・内部運営、使用者による団結侵害行為の禁止とその救済、団結活動を通じて獲得した労働協約などについて規定した法律をいう（日本大百科全書）」とされています。労働組合法は、今までに出てきている労働基準法と同じ労働法の1つです。また、労働関係調整法という法律もあります。これらの労働基準法、労働組合法、労働関係調整法の3つは合わせて**「労働三法」**と呼ばれています。労働関係調整法はその名の通り、労働関係の適切な調整を図るために必要なものとされています。

なお、労働関係調整法についてはこの本では割愛しますので、興味が有る方はぜひ調べてみて下さい。

今回扱うものは労働組合法、その中の第6条です。労働組合法第6条とは、「労働組合の代表者又は労働組合の委任を受けた者は、労働組合又は組合員のために使用者又はその団体と労働協約の締結その他の事項に関して交渉する権限を有する」とされています。私の場合は地域労組に加入しました。ここで、労働組合という組織を後ろ盾として団体交渉を会社に対して行えることになるのです。今までは労働者個人での残業代請求という、どちらかというと経営者と対等とはいえない関係にありました。しかしそこに労働組合が介入することによって、**対等に労働紛争について話し合うことができるようになる**のです。ある意味ではこの瞬間からが本当の残業代請求のスタートだった、と言っても過言ではないのかもしれません。しかし、それに水を差すかのように会社側弁護士から内容証明郵便が届きました。

内容証明郵便——会社側から3回目の返信

書面6のように、会社側弁護士は私の了解がなければ、組合への加入を認めなかったのです。今思うとこれは当たり前だったのかもしれません。当時の私と組合は会社側弁護士の舐めているような態度に怒りを感じ、組合側から直接会社宛に組合加入通知を送付してしまったのです。改めて私は会社側弁護士宛に、内容証明郵便で組合加入通知（**書面7**）を送付しました。

平成24年8月○（下旬）日
〒○○○-○○○○
大阪市○○
○○マンション○○号
横山　祐太様

〒○○○-○○○○
大阪市○○
○○ビル○階
電話○○-○○○○-○○○○
FAX ○○-○○○○-○○○○
株式会社○○　代理人
弁護士　○○○○
同　弁護士　○○○○

通知書

冠省　貴殿のご請求について、当社に対し「地域労組」なる団体から貴殿の労働組合加入及び団体交渉に関する平成24年8月○（下旬）日付けファクス文書（労働組合加入通知兼団体交渉申入書、別送いたします）が届きました。

既に貴殿から当社に対し平成24年7月○（中旬）日付け未払い賃金請求書及び同年8月○（初旬）日付け未払い賃金の請求等申し入れによる残業代等のご請求をいただいており、現在、当社において貴殿ご作成の残業代等計算書の内容を検討しております。そして、かかる検討過程においてご主張の残業代発生の有無を確認するため、同月○（下旬）日付け回答書（2）を貴殿に送付し、残業代等計算書の不明点に関して質問しており、ご回答をお待ちしているところです。

前記ファックス文書による貴殿の労働組合加入及び団体交渉のお申し入れが事実であれば、当社としては、貴殿から質問事項に対するご回答をいただき、ご主張の残業代等計算書の内容を確認した上で、お申し入れの交渉に臨みますので、速やかにご回答を文書でご提示くださるようお願いいたします。前記ファクス文書の申し入れによれば、平成24年9月○（初旬）日○時の交渉をご希望ですが、現時点ではご請求の根拠が不明であるため申し入れには応じかねます。貴殿のご回答に基づきご請求内容を確認した上で当社において交渉可能な日時場所をご通知いたします。

なお、貴殿の組合加入の真偽が不明であるため、個人情報保護のため、貴殿のご請求について労働組合への文書送付を控えております。貴殿から、労働組合加入及び団体交渉申入れを地域労組に委託した旨のご通知をいただき、今後、貴殿に対する通知事項を当該労働組合に送付するよう文書でご指示いただければ、当該組合に対し同様の通知を送付しますので、ご対応願います。

草々

書面6　内容証明郵便―会社側から3回目の返信

平成 24 年 9 月○（初旬）日
〒○○○ - ○○○○
大阪市○○
○○ビル○階
弁護士　○○○○　殿
（株式会社　○○　代理人）

〒○○○ - ○○○○
大阪市○○
○○マンション○○号
横山　祐太

８月○（下旬）日付けで「地域労組○○」から貴社に申し入れがあったとおり、私、横山祐太は「地域労組○○」に加入しております。貴社が支払ったとされている時間外賃金は１労働日につきおよそ１時間程度でそれ以外は支払われておられません。当方の算定基準等は私も出席する団体交渉でお示しします。速やかに団体交渉の申し入れに応じていただくようお願い致します。また、今後本件に関する問い合わせについては「地域労組○○」へご連絡下さい。

以上

書面７　内容証明郵便の送付―３回目

内容証明郵便の送付——3回目

この加入通知書を送付以降、私生活での資金面の不足等から就職活動に専念せざるを得なくなりました。しかし、そのようなときに**地域労組の方々が代行を買って出てくれた**のです。一番大切なのは再就職を決めることだからと。人間不信になっていた私にとって地域労組の方々の優しさは身にしみました。また、そのおかげで就職活動に専念し、再就職が出来たと考えています。ここからは私は登場せずに、全て地域労組の方々に代行してもらった形になります。私自身も助けてもらった時のことを思い起こし執筆していますが、こんなに面倒なことを一手に引き受けてくれた地域労組の皆さんには頭が上がりません。私が労働組合加入の旨を、内容証明郵便で会社側弁護士に送付した後に、労働組合側に以下のような手紙（書面8）が届きました。

会社側から地域労組への手紙——1回目

労働組合に加入した直後のこの手紙から、会社側弁護士2人のうち、下っ端の弁護士が担当になりました。これは私が1人で残業代請求をしていた時には見られなかった傾向です。

平成 24 年 9 月○（初旬）日

FAX 送付案内

〈宛　先〉

地域労組○○御中

（FAX　○○○ - ○○○○ - ○○○○）

〒○○○ - ○○○○
大阪市○○
○○ビル○階
○○○○法律事務所
株式会社○○代理人
弁護士○○○○
担当弁護士○○○○
電話○○ - ○○○○ - ○○○○
ファックス○○ - ○○○○ - ○○○○

〈送付枚数〉1 枚（本書を含む）

事件 : 横山祐太殿に関する団体交渉の件

冠省。当職らは、株式会社○○の代理人として本書を差し出します。

頭書事件に関する当社あて平成 24 年 8 月○（下旬）日付け貴ファクス（横山祐太殿の労働組合加入通知兼団体交渉申入書）に対し、次のとおり回答します。

同年 9 月○（初旬）日、横山殿から、貴組合に加入された旨及びご請求内容に関する当社質問事項を団体交渉においてご提示くださる旨のご通知をいただきました。

よって、当職事務所において、下記いずれかの日時で実施したく、ご回答いただけますようお願いします。なお、事前に貴組合ご出席者（ご本人を含め 3 名まででお願いします）の氏名をお知らせください。当社から担当弁護士○○○○が出席いたします。また、残業代等計算書に関する当社質問事項のご回答は、当日までに回答文書をご提示いただけますようお願いします。

草々

記

1　平成 24 年 9 月○日（○）午前 11 時から正午まで
2　同月○日（○）午後 4 時から午後 5 時まで
3　同月○日（○）午後 4 時から午後 5 時まで

以上

書面8　会社側から地域労組への手紙—1回目

会社側弁護士は当初私の請求を**「社会を知らない若者の戯言」**として見ていたフシがありました。しかし、それがなんということでしょう。**「残業代を取り戻すまで絶対に諦めない厄介な人物」**として見なされたというわけです。この通知後、地域労組は**書面9**の様な手紙を送付してくれました。

地域労組から会社側への書面送付——2回目

この手紙のおかげで、とうとう団体交渉が行われることになりました。しかも驚くべきことに私は団体交渉に出席しなくとも地域労組が代行してくれたのです。さらには、会社側弁護士と団体交渉の日時調整まで行っていただき、私は感激しました。会社側弁護士に送付した残業代計算書の不明点のみを地域労組の方に電話で伝え、会社側との団体交渉は全て行ってもらえました。ある意味では、労働紛争に関して素人の私が出席するよりも、地域労組のベテランの方々に一任するほうがより、うまく話がまとまったのではないかなと思います。地域労組の担当の方は**書面10**のように団体交渉の成果を教えてくれました。

団体交渉結果・残業代支払いについての明言！

2012年9月○（初旬）日
株式会社○○代理人
○○○○法律事務所
弁護士　○○○○　殿

地域労組○○
（担当　○○○○）

冠省　9月○日（中旬）午後○時、貴事務所○階での団体交渉の件、了解しました。

さて、9月○日（初旬）付貴FAXにてご要望ありました8月○（下旬）日貴来状の残業代等に関する貴社ご質問に関し、下記の通りお知らせしますが、詳細については団体交渉にて説明させて頂きます。

又、先に電話でお知らせの通り、今回の団体交渉について本人（横山氏）は先約あり、出席できません。又、当方からの団体交渉出席者は4名ですので、お知らせします。

草々

書面9　地域労組から会社側への書面送付—2回目

9月下旬に実施された団体交渉の結果、とうとう会社側から**「適正分の未払残業代は払う」という発言を引き出す**ことに成功しました！　7月中旬に行動を起こしてから約3ヵ月。今までの行動は無駄ではなかったのです。私1人ではこの結果は得られなかったことでしょう。全て地域労組に加入し、「団体交渉」を行ってもらったことでこのような結果が得られたのです。

また、団体交渉を通じて種々の資料を入手することができました。入手したものは就業規則、36協定、変形労働協定書の3種類の書類です。

私はないものと思っていた就業規則がなんとありました。

この就業規則を入手できたことにより、戦況はこちらのほうへ有利に傾きます。

まず、ブラック不動産の就業規則の第7条（労働条件の明示）として、

平成24年9月○日（下旬）/担当○○記

株式会社○○　第1回団体交渉結果

1　日時:9月○日（下旬）16:00～16:40

2　○○○○法律事務所

3　出席者

会社側:同法律事務所　○○○○弁護士　（会社側不参加）

当労組側:○○、○○、○○、○○計4名（横山君　欠席）

4　団交結果:

①会社側（○○弁護士）から残業等未払いがあれば、適正分は支払う旨発言あり。

②残業対象の時間帯、年間休日数等につき会社側から明示されず。

③就業規則、36協定、変形労働協定書の提示あり。就業規則の一部含め、36協定、変形労働協定書のコピーを入手。

④弁護士から前々回問い合わせがあった内容に関し、既に返答済みの内容を含め一部確認し、組合側の勤務明細表、残業代計算表、労働時間の起算根拠となった就業時間を示す社内電話機の表示時間写真一部及び横山氏記載の勤務時間記録のノートのコピーを弁護士に手渡した。

⑤弁護士の方から、本日労組から入手したデータ等を参考に会社側の支払うべき未払い残業代を2週間以内に計算し、地域労組にFAX等で提示する旨発言。

5　今後の方針:

会社側から10月○日頃（初旬）までに当労組が提示した未払い賃金明細を精査し、10月初旬に第2回団交を開催する。

以上

書面10　第1回団体交渉結果

「従業員の採用に際しては、採用時の賃金、就業場所、従事する業務、労働時間、休日その他の労働条件を明示した書面及びこの規則を交付して労働条件を明示するものとする」とされています。……え?? どういうことでしょうか。私が入社した時には就業規則はおろか雇用契約書すら見た覚えがありません。それにも関わらず労働条件の明示と銘打っています。これには失笑を禁じえませんでした。

雇用契約書

雇用契約書。あなたは自分の手元に持っているでしょうか?

労働基準法第15条1項によると「使用者は、労働契約の締結に際し、労働者に対して賃金、労働時間、その他の労働条件を明示しなければならない。この場合において、賃金及び労働時間に関する事項その他の厚生労働省令で定める事項については、厚生労働省令で定める方法により明示しなければならない」とされています。したがって雇用契約書は残業代請求をする上で重要な書類になってくるのは間違いありません。

私のケースではこの雇用契約書がありませんでした。私は大学を卒業してすぐブラック不動産に入ったため、普通の会社には雇用契約書があって当たり前ということがわからなかったのです。もしあなたの会社が、雇用契約書を発行もせずあなたを働かせているとしたら、その会社は立派なブラック企業です。すぐに残業代をもらえるよう行動を起こしたほうがいいでしょう。また、雇用契約書がない場合は、求人サイトや自社サイトの採用情報を印刷してそのデータから残業代を計算しましょう。私はリクナビに載っている採用情報（給料や所定労働時間が載っているページ）を参考に残業代を算出しました。

雇用契約書に**「残業代は払わない」**だとか**「残業代を請求することを禁止する」という記述があった場合も安心してください**。そのような会社はないと思いたいのですが念のため（笑）。労働基準法第13条によると、「この法律で定める基準に達しない労働条件を定める労働契約は、その部分については無効とする。この場合において、無効となった部分は、この法律で定める基準による」とされています。つまり、「わが社に残業代を請求することを禁止する！」等の労働基準法に違反しているような文章に関してはいくら書面によって証拠を残していても無効になります。

ブラック不動産の就業規則の話に戻ります。就業規則では第21条（労働時間及び休憩時間）として、「1．1年単位の変形時間制とし、起算日は毎月4月1日とする。2．1日の所定労働時間は7時間30分とし、1週間の所定労働時間は対象期間を平均として40時間とする。3．各日の始業・就業時間は次の通りとする。ただし、業務の都合その他やむを得ない事情により、これらを繰り上げ、又は繰り下げることがある」とし、営業の始業時間は9時半～18時と就業時間ではなっていました。また昼休みは13時～14時としています。……!? 言葉になりません。毎日朝7時半から21時半まで常態的に4時間の残業を行っていたにも関わらずのこれらの文章の明記です。またそもそも昼休みも12時から13時の間でした。この会社では体として就業規則を作っていただけのようで、そもそもルールというものは存在していないことを再確認できました。

就業規則

労働基準法第89条によると、「常時10人以上の労働者を使用する使用者は、次に掲げる事項について就業規則を作成し、行政官庁に届け出なければならない。次に掲げる事項を変更した場合においても、同様とする」とされています。

あなたが勤務している（いた）会社には就業規則はあったでしょうか？　**労働者が就業規則を自由に閲覧することは労働基準法第１０６条によって定められています。**労働基準法第１０６条によると「使用者は、……（略）……就業規則を、常時各作業場の見やすい場所へ掲示し、又は備え付けること、書面を交付することその他の厚生労働省令で定める方法によって、労働者に周知させなければならない」となっています。しかし、現状では私のように、会社に就業規則があることはそもそも知らず、また、意図的に隠されていて自由に閲覧がしにくい状況にある読者もいると思います。

この就業規則も残業代請求をする上で重要な資料になりますので、閲覧等ができる場合には、コピーや写メールを撮るなどして証拠として準備しておきましょう。第３章で登場するＭ氏は、この就業規則の入手により活路を見出すことができました。

また、団体交渉では就業規則の他に３６協定に関する協定書、変形労働時間制に関する協定書も入手することができました。まず、３６協定に関する協定書です。53頁でも説明した通り、労働基準法第３６条の締結がなければ従業員を残業させることはできません。私が勤めていたブラック不動産では労働組合がなかったので、従業員の代表者がその締結を結ぶことになります。ここで私は驚愕することになりました。この本を書くにあたり、地域労組の協力を得て、当時の資料を貸して頂けました。そこで気付いたことがあるのです。

３６協定に関する協定書の労働者代表には、総務部の女性の名前が明記されていました。

この労働者の代表になるための条件として、

・役職者ではないこと。

・３６協定を締結するための過半数代表者を選出することを明らかにしたうえで、投票、挙手などにより選出すること。

としています。その中で、

１　この代表者は会社の労働者の過半数がその人の選任を支持していることが明確になる民主的な手続きがとられていることが必要。

２　選出にあたっては全ての労働者が手続きに参加しなければならない。

３　会社の社長が特定の労働者を指名する等、経営者の意向によって、過半数代表者を決め

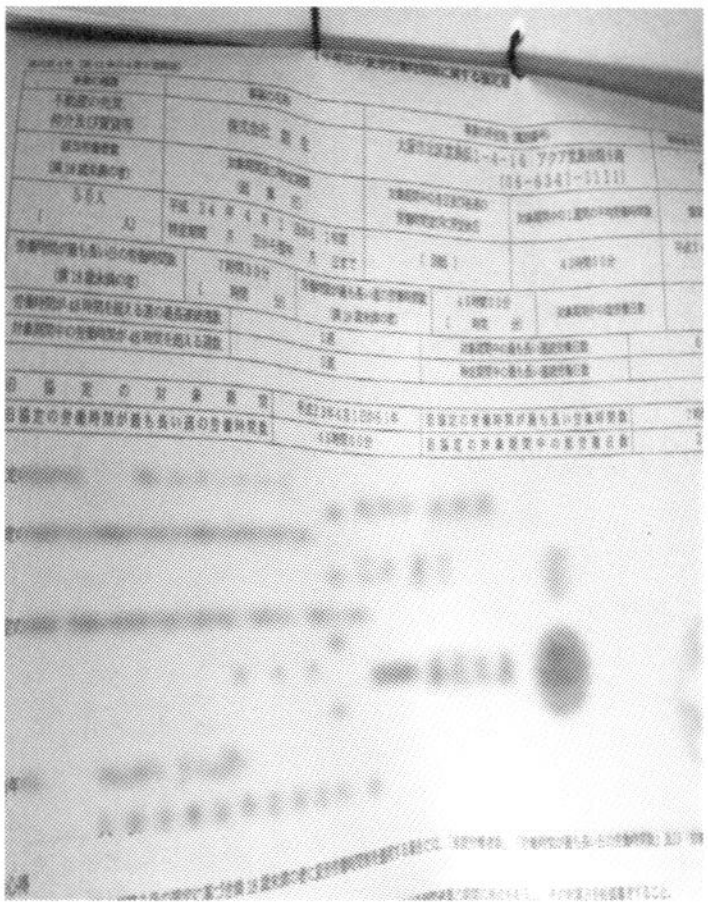

変形労働時間制に関する協定書

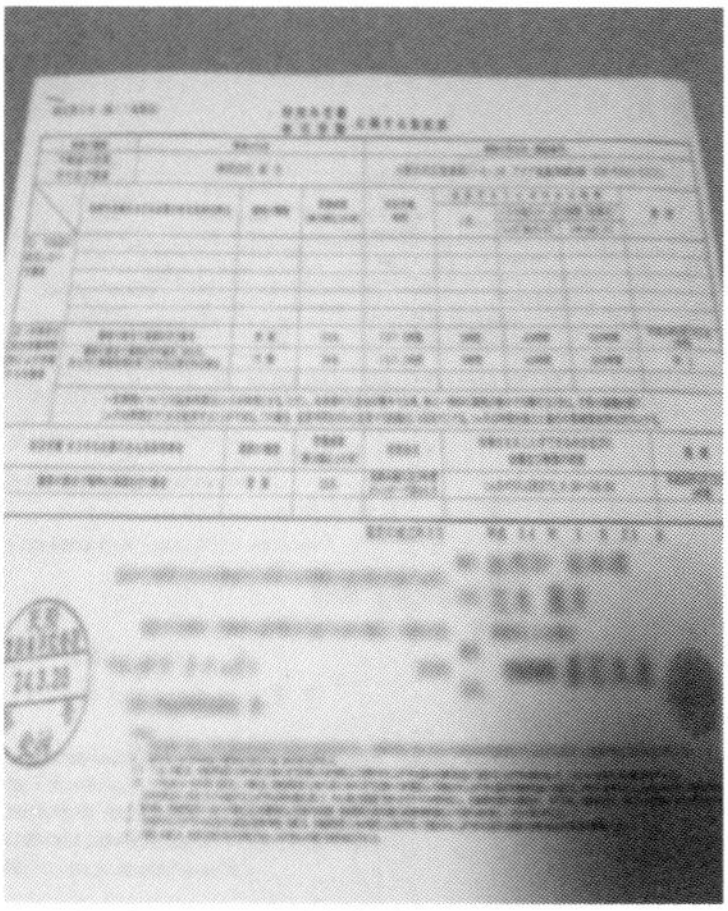

３６協定に関する協定書

た場合は無効になる。

といったことが、東京労働局の「３６協定の締結当事者となる過半数代表の適正な選出を！」に書かれています。ブラック不動産の３６協定書の代表は女性です。これだけならまだ疑問に感じなかったのかもしれません。しかし、この女性は３６協定書が締結された平成24年３月28日時点で**入社２年目の新米社員**です。残業に関わる大切な決まり事の代表者を入社して2年、３年の新米社員に任せるでしょうか？　この代表者は不正、つまり、社長の意向で決められていた可能性があります。そもそも、３６協定に関する協定書を私は知りませんでしたし、地域労組から書類を借りて今年に初めて知った事実でした。これらのことから、ブラック不動産において労働者の権利は既に放棄されていることがわかります。

次に1年単位の変形労働時間制に関する協定書です。東京労働局によると、1年単位の変形時間労働制とは、「業務に繁閑のある事業場において、繁忙期に長い労働時間を設定し、かつ、閑散期に短い労働時間を設定することにより効率的に労働時間を配分して、年間の総労働時間の短縮を図ることを目的にしたもの」とされています。

この変形労働時間制に関しても労働者の代表が協定を結ばなければいけないとしています。そしてまたしても代表者の名前に新米社員の名が書かれています。３６協定、変形労働時間制この両者が形骸化されたものであることを確認することができました。そもそもこの変形労働時間制の目的を考えれば１ヵ月に１５０時間もの残業を課すことは普通有り得ません。

地域労組から会社側への書面送付——3回目

地域労組の方々はこの団体交渉の結果を皮切りにして、すぐさま2回目の団体交渉を申込み、10月下旬に交渉を行うことになりました。第1回で相手側から就業規則等の書類を提出してもらい、残業代を支払う明言を聞けたこともあり、第2回団体交渉結果では残業代の支払いがいくらになるかということに焦点が置かれ、勤務時間を見なおし、未払い残業代が支払われる運びとなりました。

和解、残業代50万返還へ！

未払い残業代請求を行ってから約４ヵ月。２０１２年11月中旬に未払い残業代の決着が着きました。結果は大成功！　と言ってよいものでした。法外な社宅退去金26万円の減額。そして**未払い残業代として50万円が返還**されることになりました。その合計額はなんと**76万円**にも上ります。私は多少の手間と心優しい方々のサポートを得られたおかげで76万円ものお金を得ることができました。最後に和解協定書**（書面11）**が私の元に送られてきました。

最後に——残業代請求にかかった費用も請求しよう

執筆をしていて気付いたことがあります。それは、残業代を取り戻す際にかかった費用を請求し忘れていたのです。内容証明郵便、普通郵便、ＦＡＸ料金等、今までにかかった通信費を考えると馬鹿になりません。残業代を取り戻せた暁にはこれらの費用も併《あわ》せて請求すると良いでしょう。残業代を支払わない会社側のおかげでこのような費用がかかったのです。堂々と残業代＋かかった費用を請求しましょう。それにより後顧の憂いもなくなり新たな生活に向けてキックオフが出来るはずです。

これにて私の残業代を取り戻す体験談は終わりとなります。残業代を取り戻す過程は十人十色、いえ百人百色と言っても良いでしょう。個々人が置かれている労働環境は千差万別です。あなたとあなたの回りにいる労働者を例にするだけでも様々な状況が考えられます。従っ

和　解　協　定　書

株式会社○○（以下、「甲」とする）および地域労組○○（以下、「乙」とする）は、甲の元社員である横山祐太氏（以下、「丙」とする）にかかわる甲乙丙間の労使紛争（以下、「本件」という）に関し、下記の通り合意に達したことを確認し、本協定を締結する。

1、A 甲は丙に対し、本件解決にあたり、解決金として金 50 万 0000 円を 2012 年 11 月○○日までに支払う。

2、甲は丙が指定する次の銀行口座に前項の金員を振り込み送金にて支払う

ことととする。ただし、振込手数料は甲の負担とする。

○○銀行　○○支店　　（普）○○○○○○○

口座名　○○○○

3、甲乙丙間における本件事案は、本協定に定める債務の履行により円満に解決した事を確認する

4、甲乙丙間においては、本協定に定めるほかは相互に一切の債権債務が無いことを確認し、名義の如何を問わず互いに何ら請求しないことを確約する。

以上の合意が成立したことを証するため、本書 3 通を作成し、調印当事者において記名押印の上、各 1 通ずつを保管するものとする。

2012 年 11 月○（中旬）日

甲　大阪市○○

○○ビル○階

株式会社　○○

代表取締役　○○　○○

乙　大阪市○○

○○ビル○階

地域労組○○

執行委員長　○○

丙　大阪市○○

○○マンション○○号

横山祐太

書面 11　和解、残業代 50 万返還へ！

て、絶対にこのようにすれば残業代を取り戻せるといった答えを示すことは、私にはできません。しかし、残業代を取り戻した者達の体験談を詳しく紹介することで、経験則を読者の方々に提供することができると確信しています。私の体験談だけでも、**「社宅退去金減額」「内容証明郵便送付」「地域労組加入」「団体交渉の実施」等の残業代を取り戻すための重要な要素**が組み込まれています。また、第３章、第４章で紹介するＫ氏とＭ氏の体験談では、私の章では出てこなかった知識も登場します。この本で登場する３人の残業代を取り戻す経験則を得るだけでもあなたが置かれている労働状況に応用できると考えています。ぜひ活用して頑張ってください！

第3章

ブラックスーパー勤務・K氏の体験

2年半勤めた会社

K氏・男性（当時25歳）は都内の大学を卒業後、関東を中心に展開するブラックスーパーマーケット（以下ブラックスーパー）に新卒として入社しました。K氏が大学を卒業した2010年当時は就職氷河期であり、希望とは異なる仕事だったかもしれませんが、K氏は懸命に会社のために働いて来ました。その期間たるや2010年4月から2012年11月まで約2年と半年という期間になります。

「2年半なんてたいしたことがないじゃないか！」

と思われる読者もおられると思いますので、まずはこの会社の**壮絶な労働状況**を明らかにしていきます。

最初はよかった

K氏は入社9ヵ月後の2010年12月までは定時までの労働で済んでいました。残業もほぼゼロです。また、残業があったとしてもしっかりと残業代は支給されていました。

しかし、それは俗にいう新入社員待遇であり、仕事に慣れていなかったK氏を躾《しっ》けるための

「飴」だったのです。当然、飴を与えてもらったあとには壮絶な「鞭」が待っていました。それは先輩社員の勤務状況を見ても、火を見るより明らかだったのです。

K氏の最初のシフトは朝8時から夕方16時半までの7時間半労働でした。この勤務形態には特に問題はありませんが先輩社員の勤務形態が異常でした。シフトの上では、朝10時から夜20時までの9時間労働。残業があるのは仕方ないのかもしれません。しかし、なぜかK氏が出社する朝8時前にはもう来て準備を始め、K氏よりも遅く帰るのです。話では**朝6時から夜20時半まで13時間30分もの労働を行っていた**と聞きます。さらには1時間ある昼休みも丸々は取れません。40分ほど経ったら業務を再開しなければなりませんでした。

休憩

労働基準法第34条によると、「使用者は、労働時間が6時間を超える場合においては少なくとも45分、8時間を超える場合においては少なくとも1時間の休憩時間を労働時間の途中に与えなければならない。前項の休憩時間は、一斉に与えなければならない。ただし、当該事業場に、労働者の過半数で組織する労働組合がある場合においてはその労働組合、労働者の過半数で組織する労働組合がない場合においては労働者の過半数を代表する者との書面による協定があるときは、この限りでない。使用者は、第1項の休憩時間を自由に利用させなければならない」とされています。つまりＫ氏の場合は、１時間ある昼休みのうち、40分しか休みがなく、20分は既に労働を開始していたわけなので20分は労働時間に含まれるのです。まあ45分の休憩を与えなくてはいけないのでブラックスーパーの場合はそもそも違反していますが（笑）。

Ｋ氏はシフト通りの７時間半労働を行い、しっかりと会社に貢献していました。しかし、入社９ヵ月が経過した後、勤務時間終了の16時半に上がろうとすると、責任者である店長の機嫌が悪くなるのです。

見えない圧力

店長としては、先輩社員も全員、「自主的」に早朝出勤、深夜残業をこなしているのだから、Ｋ氏にもそのように仕事をするように無言のプレッシャーをかけていたのです。しかし、Ｋ氏は店長の無言のプレッシャーはあるにせよ、何も言われない状況だったので「空気を読まず」帰っていたそうです。２００７年頃に「ＫＹ（空気が読めない）」という略語が流行りましたが、**働く上では、あえてこの「ＫＹ」になることも大切**なのかと思います。もし、早期に店長からの空気を読んで先輩社員達と同様に勤務時間を増やしていたらＫ氏は身体も心も壊されていたかもしれません。

しかし、Ｋ氏がＫＹとして振る舞うことにも限界がありました。スーパーの繁忙期である年

時にはＫＹになる必要も

末年始に自主的（強制的）に出勤しなければいけない事態がやってきたのです。スーパーの年末年始というものは想像以上に忙しいものです。私も高校生の時にスーパーでアルバイトをしていたのですが年末年始はアルバイトであろうとも8時間勤務が連続して行われることがたびたびありました。そのような中で、K氏は店長や先輩社員から、**「アルバイトの女の子でも8時間働いているのに定時で帰るKは何なんだ。正社員の自覚があるのか！」**という陰口や視線が向けられていたそうです。K氏はさすがにその状況に耐えられなくなり、店長に電話をし、**開口一番に、先輩社員達と一緒の時間で働きます**と伝えたそうです。入社して9ヵ月が経ちここまではよかった。しかしこれからが「地獄」の始まりでした。店長のプレッシャーはこれ以後も続きます。例えば、月初めにシフトを作成したとします。なんと店長はわざと自分の休みを減らすのです。それにより、部下の社員達にプレッシャーをかける狙いがありました。そうすると耐えかねた先輩社員が、**「店長に無理はさせられません。僕が代わりに出ます！」**というふうに懐柔させるのです。さらには休日出勤せざるを得ない空気を作り、「自主的」に働かせようという空気作りも行っていました。また、その空気に従わない者は働いている間は無視や陰口等、陰湿な嫌がらせが横行していたと言います。これでは仕事になりません。K氏は労働基準法違反の労働を率先して行う空気作りでなく、所定労働時間に主体的に行動させる空気作りを店長には行って欲しかったと言います。

部下にプレッシャーをかける店長

勤務表は自己申告

Ｋ氏のブラックスーパーにはタイムカードがありませんでした。従って、手書きで毎日の勤務時間をメモしてそれを月末にまとめて提出していたのです。しかし、この自己申告の勤務表には所定労働時間以外の残業時間を**「45時間」までに抑えて記入する「暗黙の了解」がありました**。Ｋ氏は２０１１年1月からは先輩社員達と同じ、もしくはそれ以上に働き、月の平均残業時間は会社を辞めるまでに１１０時間だったと言います。これは私の章でも説明した過労死ライン（28頁参照）を軽く超えています。しかもＫ氏の場合は、１年10ヵ月の長期間において、恒常的に残業を行っており、いつ倒れてもおかしくない状態だったのです。さらには朝５時半から出勤したこともあったと言います。それにも関わらず、ブラックスーパーでは残業は45時間までしかしていないということになっていました。そういうわけなので、残業代は45時間分までしか支給されません。この「45時間」という基準ですが、ブラックスーパーでは私の章で説明した３６協定（53頁参照）の誤った解釈により、このような設定になっていたと考えられます。

暴力はしないと誓った店長

Ｋ氏が勤めていた店舗の店長はいわゆる「パワハラ上司」でした。店長は当該店舗開業時からのメンバーであり、幾度と無く部下を壊してきたそうです。一例では、**副店長の顔を拳で殴り、手の骨にヒビが入った**とか。パワハラ店長はこの「手の骨にヒビが入った事件」を起こしてからおとなしくなりました。店舗の社員達にこれからは暴力をふるわないという誓約書を見せて誠意を示したそうですが、そもそもの問題として、普通の会社の上司は部下に対して暴力はふるいません。Ｋ氏はこの暴力店長の行いを誰かに相談できる環境でもありませんでした。新卒で入社した同期達は、各店舗にちりぢりになり、親しくすることを禁止されていたため、連絡も取れず、結局のところつらい気持ちを押し殺して働くしかなかったのです。

2代目社長

そして、このブラックスーパーの社長は2代目でした。初代の社長時代は、学校の給食センター等に食品を配送することで事業を営んでおり、小さいながらもまともな会社だったと聞いています。しかし、息子の2代目社長になってからは、事業を拡大したいという想いから、社

ヒビが入るまで殴るのをやめない上司

長自ら働き詰めになり、今でも1日3時間しか寝ていないそうです。社長や役員が事業拡大、経営継続のために、心身共に事業に邁進するのは理解できます。しかし、それを店長以下の一般社員にも押し付けるのはどうなのでしょうか。しかも、**働いた分のお金は支給せずにただ働きをさせる**。このような結果の上に成り立った事業拡大はまっとうなものとはいえません。しっかりと適正に従業員に残業代を支払い、それでいて大きい会社になるのならば従業員も納得がいくことでしょう。

一方で、事業を継続するためにはどうしても長時間労働をしなければいけない場合が出てきます。そこで経営者や役員、それに準ずる職務内容が重い人々のことを**「管理監督者」**と言い、残業等の概念なく、就業させることが出来るのです。これにより一般従業員と管理監督者の棲み分けが法律によって出来ています。

管理監督者

労働基準法第41条によると、「労働時間、休憩及び休日に関する規定は、監督若しくは管理の地位にある者、つまり管理監督者には適用はされない」とされています。

K氏のブラックスーパーに当てはめると、これは社長及び役員がこれに該当すると言っていいでしょう。

「店長は管理者ではないのか！」

という声が聞こえてきそうですが、管理監督者に該当するためのポイントを『未払い残業代請求にはこう対応する――あなたの会社も他人事ではない！』佐藤広一、佐川明生著（アニモ出版、２０１０年）は次のようにまとめています。

１　職務内容・権限・責任等については、店舗従業員や部下の採用・人事考課等の権限を有しているだけでは足りず、企業の経営に関する決定に参画することが必要とされる。

２　勤務態様・労働時間管理の状況については、形式的ではなく、実質的に判断される。

３　待遇については、金額そのものではなく、他の従業員との比較で判断される。

これら全てを満たす者が「管理監督者」として、法律で認定されるわけです。「経営に参画し、名ばかり管理職ではなく、給与も役員に準じる額をもらっている人物」。３つのポイントの中で1つや2つに該当する人は多くとも、３つ全てに該当する管理職の方は少ないのではないでしょうか。もし、あなたが管理職だからといって残業代をもらえていない場合は、この管理監督者を根拠として今までの残業代を請求することができます。会社に搾取された残業代は自分の手で取り戻しましょう。

風通しの悪い職場

また、ブラックスーパーは社内の風通しが悪いことで有名でした。各店舗は店長ごとの裁量によって違いがあり、店長＝独裁者という図式です。前述した管理監督者のような扱いで権限が与えられていたので、店長に逆らうとその店舗では生きていけなくなります。Ｋ氏の同僚で残業が月１１０時間に及ぶことをおかしいと声高く叫んだ人がいます。しかし、その時には店長に、**それがうちのルールだ。お前には指導が必要なようだな**と一蹴され、社内イジメ、孤立に発展して結局のところ会社を退職させられる事態になったケースもありました。しかも辞めた社員の人員補填はありません。このような会社では誰も信用できるはずがありません。Ｋ氏は残業代を取り返すことを強く心に誓い、チャンスが来たら行動することを考えました。

行動するチャンス

そんな折に、Ｋ氏に大学時代の先輩からＩＴ業界の会社へ転職しないかということで仕事の紹介が入ります。彼自身、キャリアアップを図りたかったということで転職を決意し、ここで会社を辞める決断をしました。しかし……そこで問題が表出しました。Ｋ氏は転職をしようと思い立ち、２０１２年11月15日に当時勤めていたお店の店長に11月29日付けの退職届を提出しました。しかし、店長にこう言われたそうです。

「人事に言うからちょっと待ってくれ。退職届はお前が持っていてくれ」と。

しかし、この時Ｋ氏は気付きました。有給休暇が20日残っていたことを。一般的な企業にお勤めの読者の皆さんにとっては、

「退職時に有給休暇を忘れるなんてとんでもない！」

と思われるかもしれません。しかしＫ氏は入社してから**今まで１度も有給を使ったことがなかった**のです。考えられるでしょうか？　労働者をないがしろにするブラックスーパーの体質がここで見えます。

有給休暇

労働基準法第39条第１項によると「使用者は、その雇入れの日から起算して６ヵ月間継続勤務し全労働日の８割以上出勤した労働者に対して、継続し、又は分割した10労働日の有給休暇を与えなければならない」とされています。しかし、Ｋ氏の会社は有給を付与はしていたが１度も消化させることはありませんでした。これは結局与えていないことと一緒です。

同じく労働基準法第39条第５項によると、「使用者は、前各項の規定による有給休暇を労働

者の請求する時季に与えなければならない。ただし、請求された時季に有給休暇を与えることが事業の正常な運営を妨げる場合においては、他の時季にこれを与えることができる」とされています。つまり、労働基準法では、**有給休暇を取得する際の季節を経営者側がある程度指定できる**とされているのです。例えば、Ｋ氏が働いていたスーパーマーケット業界では、年末年始や長期休暇（お盆やゴールデンウィーク）の繁忙期に従業員に休まれると人手が足りなくなることは容易に想像ができます。このような時に有給休暇を取得するのではなく、２月、６月、10月等、あまり混まないような閑散期に有給を取得させることができる労働基準法になります。しかし、Ｋ氏の場合は閑散期ですら有給休暇を取得することが出来ませんでした。このことから確実な「**ブラック企業**」と言えるでしょう。

ボーナスと有給休暇がもらえない

Ｋ氏は退職の旨を店長に伝えたあとに有給休暇が残っていたことを思い出し、人事部に電話をかけ、有給を消化させて欲しい考えを伝えました。Ｋ氏がなぜここまで躍起になるかというと、冬のボーナスを12月10日まで勤務していればもらうことができたからです。退職届に書いた日付11月29日まで勤務し、そこから20日間残っている有給を消化すると、12月19日までブラックスーパーに在籍することになります。このためＫ氏は有給を消化する必要があったので

す。しかし、人事部の回答は、

「何を言っているのですか？　もう29日付で退職の手続きを進めているのですよ。ふざけないでください！」

といった箸にも棒にもかからない回答でした。この時人事部はかなり強気にK氏に対して発言を行ったそうです。

退職願と退職届の違い

ここで、**退職願と退職届の違い**について説明します。まず、退職願ですが、こちらは読んで字の如く、「退職をしたいので認めてくれ」というような意味合いになります。つまり、退職願の場合は会社から退職を認めてもらう前にいつでも撤回可能なものとなっています。もし、K氏が退職届ではなく退職願を提出していたとしたらボーナスと有給がもらえていたかもしれません。

次に、退職届ですが、こちらは退職願より強い意味合いで、「退職する」という強い意志表示になっています。この退職届を提出してしまうと基本的に撤回はできません。無知だったK氏はこの退職届を提出してしまい、会社から足元を見られるようになってしまったのです。会社を辞めようと思った時には、退職願を提出して会社側の出方を見るのも1つの手です。退職願を提出後、労働条件が改善されたという例もあります。

著者への相談

Ｋ氏はキレました。ここで怒りが湧いてきたのです。彼は今まで身を粉にして会社に尽くしてきた。それも2年半もの間です。しかも毎月サービス残業を行ってきました。その結果が、辞める時に有給は消化させてくれない。ボーナスももらえないという始末です。Ｋ氏は一体今までの働きは何だったのかと憤りました。

ここでＫ氏はFacebookで私の投稿を見ました。２０１２年11月に未払い残業代を取り戻した私は嬉しくてつい、友人限定で「未払い残業代50万円取り戻しました！」という投稿をしていたのです。

Ｋ氏は私が投稿したつぶやきを見て電話を入れてくれました。

「残業代の問題で困っているんだけど……」

と。元々Ｋ氏とは付き合いが長く、何でも相談できる間柄であったのでこのようなことが実現したのかもしれません。早速私はＫ氏へのアドバイス、雛形資料の送付等できるかぎりのことを教えました。その結果、Ｋ氏はそれを元にして残業代を勝ち取ったのです。

次の項より、Ｋ氏が残業代を取り戻すために取った具体的な行動を綴っていきたいと思います。

就業規則のコピー

Ｋ氏は退職届を提出後の11月中旬にまずは就業規則を探す行動に出ました。店長が休みの日を見計らって事務所にあるはずの就業規則を見つけ出そうとしたのです。そこでＫ氏は怪しいものを見つけました。店長の机にあったプラスチックケースです。ケースにはでかでかと、

「開封厳禁！」

と書かれています。Ｋ氏はこれに違いないと思いそのケースを開けました。その結果、プラスチックケースの引き出しから就業規則を見つけることが出来たのです。入社して2年半。Ｋ氏がはじめて就業規則の存在を知った瞬間でした。Ｋ氏はすぐさま全てのコピーを取り、そのまま元の引き出しに戻しました。

労働基準法第１０６条によると、この就業規則は**「常時各作業場の見やすい場所へ掲示し、又は備え付けること、書面を交付することその他の厚生労働省令で定める方法によって、労働者に周知させなければならない」**とされています。

しかし、Ｋ氏の職場では就業規則を従業員に見せることすらせず、店長のデスクで厳格に管理されていました。これは明らかな労働基準法違反です。無知な労働者を騙し、壊れるまで奴

隷として扱う経営者は糾弾するしかありません。

労働相談へ行く

結局、11月29日に強制的とは言わないまでも有給、ボーナスがもらえずに、Ｋ氏は退職させられてしまいました。しかし、ここからＫ氏の反撃が始まります。Ｋ氏はまず、最寄りの労働相談センターに相談に訪れました。

厚生労働省　総合労働相談コーナーでの案内（労働相談＝全国に点在。巻末付録参照）

しかし、Ｋ氏はまだ内容証明郵便の送付等、具体的な行動を起こしていなかったので、相談員の方に、

「スーパーマーケット宛に未払い残業代を請求する書面を送ってもらわないとどうしようもできない」

と言われてしまいました。労働相談センターには労働者からの相談が毎日のようにあります。担当者の方が誰しも懇切丁寧にアドバイスをしているわけではありません。Ｋ氏を担当した方が機械的に対応してしまったために、Ｋ氏はここでブラックスーパーに残業代を請求する気持ちが一気に萎えてしまいます。結局のところ、ここで２０１３年２月まで何も行動を起こさず

過ごしてしまいました。しかし、転職する時期の２０１３年4月に迫る中、Ｋ氏はまた行動を起こすのです。

２０１３年2月中旬。Ｋ氏は、再び労働相談センターを訪れました。今回のところは、予約制であり、１人ひとりの労働者に対して、担当の相談員がついてくれる機関でした。

東京都労働１１０番

Ｋ氏が訪問した組織は東京都が運営しているものでした。労働問題全てに対応し、相談は無料で行うことができます。また、完全予約制、対面で相談することができるのでＫ氏の不安は取り除かれたと言います。私は地域にある労働組合を利用して残業代を得ましたが、**国や自治体が行っている無料労働相談もどんどん活用して**残業代を取り戻しましょう（労働相談ができる機関は巻末に記載。活用してください）。

結局のところ、以前相談したところと結果は同じであり、「自分でまずスーパーマーケットへ残業代を請求しないと何も始まらない」ということでした。Ｋ氏は残業代を請求するための請求書雛形をもらったこともあって、腰を据えて会社に対して残業代の請求を行うことにしました。

身近に残業代請求を行った者がいたとしても自分自身が今までお世話になっていた会社へ残

業代を請求するということはしんどいものです。日本人には「我慢」が道徳として身についています。25歳のK氏ですら、残業代請求をすることに大きな戸惑いを感じていました。また、この本を手にとって読んでくれている読者の方々も行動するには大きな勇気が必要になることと思います。しかし、動くだけで変わります。K氏は行動したことで残業代も取り戻せました。

3月上旬。K氏は会社宛に**162万円**の未払い残業代請求書を配達証明付き普通郵便で送付しました。もちろん払わない場合は労働基準監督署へ通報することも書き添えて。ここで特筆すべき点としてK氏は**「内容証明郵便」でなくとも「普通郵便」を送付するだけで残業代を勝ちとった**のです。また、K氏自身は**出退勤メモやノートを用意していたわけではありません**でした。相談員の方に、

「アバウトに未払い残業代を計算して請求書を送るだけでも効果がある」

と聞いていたので2年間の残業時間をアバウトに計算して162万円という額を算出し、その請求書を送りました。

ブラックスーパーの対応

ブラックスーパーからは残業代請求書を送付後1週間で返信が送られてきました。ブラックスーパー側は私の場合のように弁護士は立てずに、人事部長の名でK氏に返事を送ったのです。

内容は要約すると私の時と同様に、

「残業がある根拠となる証拠を出せ」

というものでした。

そして、この手紙が届いた直後にＫ氏の携帯電話に電話が頻繁に来るようになりました。Ｋ氏は無視を決め込んでいましたが。留守番電話には会社の人事部から、

「1回会って話しましょう」

「これからのことについて話し合いたい」

等のメッセージが3日に1回は吹き込まれるようになったのです。Ｋ氏はこの行動に恐怖を覚え、それから何も行動を起こせなかったといいます。

さらには、最悪の事態が起こります。なんと4月初旬に、人事部の社員がＫ氏のマンションへいきなり訪問してきたのです。Ｋ氏はアポがある以外の訪問は、基本的に居留守を使っていたのでなんとか事なきを得ましたが、このブラックスーパーのように**残業代を請求したら、家まで押しかけてくる場合がある**ので細心の注意をはらってください。

ブラックスーパーがここまで躍起になるのには理由がありました。Ｋ氏が残業代請求書を送った3月初旬に同業他社が労働基準法違反で労働基準監督署から摘発を受けていたのです。また、ブラックスーパーにも労働基準監督署から以前指導を受けた経験がありました。これらの要因が重なり合った結果、ブラックスーパー側も今訴えられたら会社がヤバイという考えが

あったのでしょう。結局のところＫ氏はただただ文字が羅列してある**Ａ４の紙切れを会社に送っただけで残業代返還に成功**してしまいます。

余談になりますが本人は気づいていなくとも、会社へ残業代を請求する良いタイミングが訪れているという場合があります。Ｋ氏も周りの状況が変容しており、残業代を取り戻しやすい環境が結果的にですが用意されていました。また、私がこの本を出版しようと思った時も、ブラック企業が大きな問題となっている時でした。ＴＶや新聞でも雇い止めや未払い残業代のニュースが取り上げられています。このように労働者の意識が労働問題に向いている時だからこそ、読者の皆さんが未払い残業代を取り戻すタイミングなのかもしれません。

未払い残業代１６０万の返還成功！

２０１３年４月上旬。Ｋ氏の元にブラックスーパーから書面が届きました。会社側で残業代を集計した結果を支払うというのです。その額はなんと**１６０万円！**　です。Ｋ氏の計算した残業代よりも２万円安くなってしまいましたが、Ｋ氏は働いた労働時間のほとんどの残業代を取り戻すことに成功しました。Ｋ氏は送付されてきた和解書にサインをし、４月下旬には今までの残業代１６０万円を受け取ることに成功したのです。

「出退勤ノートやメモがないから私は残業代を請求することはできない……」

そう思っているあなた！　ただ概算した残業代の合計を会社宛に送りつけるだけでこのように大金がもらえる場合もあります。ぜひ行動しましょう！

人生を変えるかどうかはあなたの手にかかっているのです。

今までに私とＫ氏の結果を概観してみて、あなたはどのように感じたでしょうか？　残業代を請求してＫ氏のように簡単に残業代が取り戻せるかもしれません。また、残業代を請求して私のように残業代を取り戻すのに時間がかかるかもしれません。残業代を取り戻せないかもしれません。

しかし、残業代を取り戻す経験を得ることは、読者の皆さんの社会人生活を有益にしてくれることは間違いないでしょう。残業代請求の経験があれば、社会で自分を守る術を身につけることができます。また、周りの残業代がもらえなくて困っている友人、知人も助けることが出来ます。**ローリスク・ハイリターンの自衛法**。必要ならばぜひあなたも実践してみてください。

第4章
ブラックメーカー勤務・M氏の体験

勤続年数14年

Ｍ氏・女性（当時48歳）は、１９９６年６月に新潟県にあるブラックメーカーに事務として入社しました（パートタイマー）。その後、２００６年には実力を認められ、契約社員として就業することになります。それ以後、Ｍ氏は２０１０年６月まで**14年**という長期間に渡り会社に貢献してきました。勤務10年目には永年勤続表彰という名目で賞をもらったこともあります。しかし、ブラックメーカーとのトラブルに直面する事態が起こるのです。それは人員削減を名目とした嫌がらせと、あまりにも少ない退職金の金額でした。

勤務時間が削られる

Ｍ氏は１９９６年から２００５年までは子どもに手がかかるということでパートタイマーとして１日の所定労働時間５・５時間という勤務体系で働き、それ以後の２００６年から２００９年までは契約社員として所定労働時間７・５時間で働いてきました。近くに住んでいた両親のサポートもあり、長期間に渡りこのような形で働くことができたと言います。女性が家事や子育てと両立して長時間勤務をすることは周りのサポートが不可欠ですが、Ｍ氏の努力は図らずもブラックメーカーによって無下にされたのです。

Ｍ氏は希望していないにも関わらず、「経費削減」という名目で２０１０年からの勤務時間を大幅に削られます。このブラックメーカーの最低なところは、所定労働時間の削減を希望していないにも関わらず家庭の弱みにつけこんできたところです。２００９年の９月にＭ氏の父親が亡くなり、10月にはその影響からか母親が入院するという事態が起こりました。その時に、ブラックメーカー側は「これはチャンス」と言わんばかりに社長がこのように発言します。

「お母さんの面倒を見るのは大変だろう？　介護する時間も必要だと思うよ」

と。今思えばこれが社長の罠だったとＭ氏は言います。この時点ではＭ氏の労働に関する知識は皆無と言っていいものでした。そのような状況では企業のトップから強制とは言わないまでもそのように言われたら要望を呑むしかありません。そして、この要望を呑んだが最後、社長の要求はエスカレートしていきます。２０１０年１月からの所定労働時間は４時間になり、なんと退職月である６月初旬にはこのような発言が飛び出すのです。

「仕事が減ってきているから、これからは２時間だけでよろしく」

と。考えられるでしょうか？　生活の糧として７時間半の労働をして賃金を得ているのに一方的に所定労働時間を２時間に減らされるのです。これは明らかな契約違反です。しかし、Ｍ氏は**ワークリテラシー（最終章で記述）がほとんど無かった**ので何も言い返すことができませんでした。

ブラック企業は、

「もうこの従業員はいらない」

と判断した途端に労働者に攻撃を始めます。労働者が無知なのをいいことに自分から辞めるように仕向けてくるのです。

Ｍ氏の場合は労働時間が減らされるばかりか、勤務中に仕事が意図的に与えられなくなりました。今まで労働時間内でメインだったシステム開発や検収作業という仕事は他の社員がやるようになり、Ｍ氏が所定労働時間の２時間で与えられた仕事といえば、商品開発という名目での競合他社の商品検索をインターネットで行うことと、グループウェア（62頁参照）の状況を閲覧するだけだったと言います。この嫌がらせはＭ氏だけではなく、社長が気に入らないと思った社員に対しても日常的に行われていました。

このような手口は中小企業だけでなく、有名企業においても表出しています。自費出版の大手と知られるある出版社では、成績優秀な営業社員に自己都合退職を強要し、営業社員がそれを拒否すると通称追い出し部屋に入れていたと聞きます。この営業社員は追い出し部屋において、今まで廃棄していた原稿を全て手打ちで入力するという非生産的な作業を命じられていました。この事例はＭ氏が遭遇した事例をさらに悪質にしたものと言えるでしょう。このようなことは読者の皆さんの身近にも起こりえることです。十分に注意して働いて下さい。

会社側がこのように悪質かつ執拗に従業員を自主的に辞めさせようとするのには理由があり

ました。それは会社都合退職と自己都合退職の違いです。

会社都合退職と自己都合退職

まず、会社都合退職とは、字の通りに会社側の理由によって従業員が解雇される退職を言います。一方、自己都合退職とは自分の都合によって辞める退職です。私やＫ氏、Ｍ氏の場合はこちらの自己都合退職となります。会社が自己都合退職を強要してくるのには理由があるのです。

今野（２０１３）は『ヤバい会社の餌食にならないための労働法』（幻冬舎文庫）で会社都合が法的に認められる要件として次の３項目を挙げています。

１　労働能力上の理由

２　労働者の行為・態度を理由とする解雇

３　経営上の理由による解雇

労働能力上の理由とは怪我や病気による就業が出来ない状態のことで、労働者の態度を理由とする解雇とは、無断欠勤が余りにも多い場合に解雇される可能性があるということです。そして、この３つの中で１番多い解雇が、経営上の理由による解雇です。いわゆるリストラですね。今野（２０１３）は、このリストラには「人員整理の必要性」「解雇回避努力」「人選基準

自己都合退職になっても諦めないで！

の合理性」「労働組合・当事者との協議」という**整理解雇の４要件**をクリアしなければいけないとしています。これらのことから会社都合退職として従業員を解雇するには敷居が高いのです。これらを破り、強制的に従業員を解雇したとすれば、社外での評判や労基署から目を付けられるなど事業経営においての弊害が表出してきます。従って、会社側はどうしても自己都合で従業員を退職させたいのです。

　会社都合退職と自己都合退職とでは前者のほうが失業保険の給付額が多いのは皆様もご存知のことと思います。また、自己都合退職の場合は失業保険の給付まで約３ヵ月かかりますが、会社都合退職の場合は即日で給付が受けられます。会社都合退職で辞めたのに自己都合退職にさせられそうな場合は最後まで会社に対して抵抗しましょう。また、自己都合退職で退職したとしてもハローワークによる解雇理由の聞き取り調査によって、自己都合退職から会社都合退職へ切り替わる場合があります。Ｍ氏もあまりにもひどすぎる退職の経緯をハローワークの職員に話したら、自己都合退職から会社都合退職に切り替わりました。

退職金は18万円

　２０１０年６月下旬。Ｍ氏はブラックメーカーを退職しました。退職日当日には社長自ら退職金については後から連絡するからと言われたので、Ｍ氏はその場で14年勤めた会社をあとにしたのです。しかし、今考えればそれからが悪夢の始まりでした。2週間、3週間、1ヵ月。待てど暮らせど電話はありません。結局の所、社長から連絡があったのは9月下旬でした。

M氏の場合は電話があったのでよかったのですが、**退職金を出すと行っておきながら結局連絡をせずにとんずらするようなブラック企業もある**そうなので注意しましょう。社長は会社で話をしたいということだったので、M氏は会社に向かいました。そして面談時、社長から開口一番にこのような言葉の羅列が発せられたのです。

「退職金は18万円です」

M氏は耳を疑いました。33歳から48歳まで14年間もの期間、懸命に会社に貢献してきたその対価が、その慰労額が、たったの「18万円」だというのです。パート、契約社員という雇用形態を考えても18万円という金額は低すぎます。

このブラックメーカーにもK氏のブラックスーパーと同様に腫瘍がありました。それもかなり悪性のものです。なんとブラックメーカーでは今まで退職していった社員達への退職金支払いを渋っていた過去がありました。特に特定の折り合いが悪い社員に対して社長は、

「お前には退職金なんぞやらん！　早くここから出て行け！」

というような形で追い出し、勤続20年、25年の正社員に対しても退職金を払わなかったのです。第3章のブラックスーパーと同様にこのブラックメーカーも親族経営を主とする会社でした。自分の気に入らない社員には嫌がらせをし、会社から追い出す。このような態度は経営者

としてあるまじき姿です。ブラック親族会社は決して許してはいけません。
参考までにこのブラックメーカーの正社員への退職金支給金額表の画像を次に表します。
まず、AとBの区分の違いから説明します。A区分は、死亡、業務上の理由による疾病、やむを得ない業務上の都合による解雇、定年退職をした人の区分になります。B区分は、自己都合退職、業務外の事由による傷病となります。M氏の場合はB区分の勤続14年に該当します。

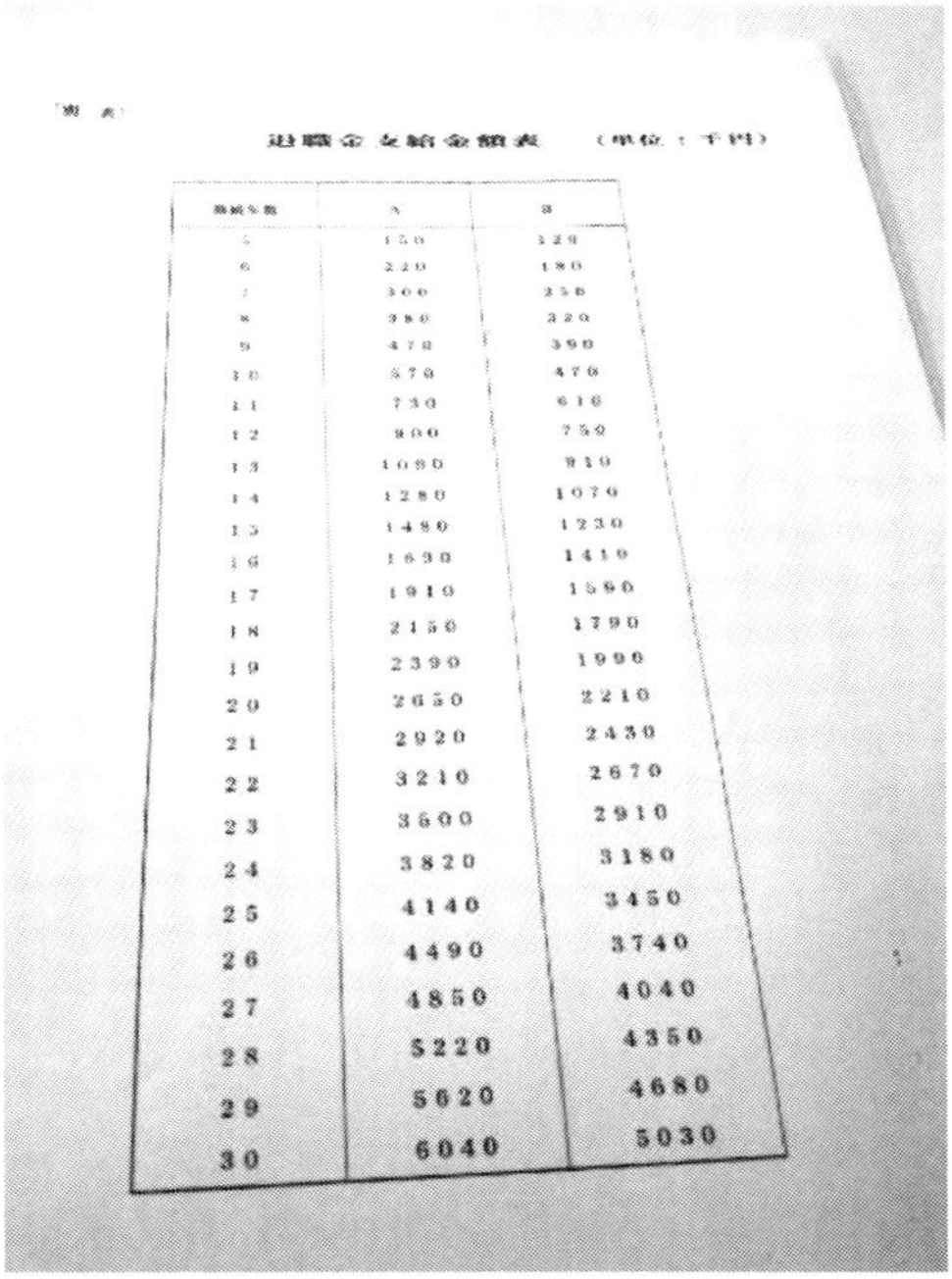
「別表」

退職金支給金額表　（単位：千円）

勤続年数	A	B
5	150	120
6	220	180
7	300	250
8	380	320
9	470	390
10	570	470
11	730	610
12	800	750
13	1080	910
14	1280	1070
15	1480	1230
16	1690	1410
17	1910	1590
18	2150	1790
19	2390	1990
20	2650	2210
21	2920	2430
22	3210	2670
23	3600	2910
24	3820	3180
25	4140	3450
26	4490	3740
27	4850	4040
28	5220	4350
29	5620	4680
30	6040	5030

退職金支給金額表（就業規則より）。真ん中の列がA、その右がB。

従って、104万円をもらえることになります。また、勤続20、25年の社員もB区分の退職金です。従って、221万と345万を退職金としてもらえることになります。しかし、彼らは社長に意見し、楯突いたがために、退職金をもらえないという状況に陥ってしまったのです。そして、彼らにはその状況を打破するための労働知識も経験もありませんでした。**社会人経験が20年以上ある正社員でさえ、残業代や退職**

金をもらうことなく泣き寝入りしてしまうのが今の日本の現状なのです。この現状に対し、あなたはどうしますか？　戦いますか？　それとも泣き寝入りしますか？　ここでM氏は戦うことを選びました。

労働基準監督署へのTEL

M氏は社長との面談が終わった瞬間に、退職金を取り戻す行動を始めました。友人への相談、労働についての情報の検索等、ここで初めて労働知識を知ろうと思ったのです。友人からは、

「社会保険労務士や弁護士に相談したらどうか」

とアドバイスをもらいましたがM氏はトップダウン式に攻めていこうと考え、労働基準監督署へ電話をしました。しかし、労働基準監督署の職員にこのように言われてしまいます。

「お話しされた状況では、私達からはなんとも言えません。他の機関に相談してみたらどうですか」

と。M氏は労基署のこの回答に納得が行きませんでしたがそのアドバイスからすぐさま次に協力してくれる機関を探す行動に出ました。

労働相談所への相談

M氏はインターネットで労働問題について調べていた所、労働相談センターなるものを見つけ、すぐさま最寄りの労働相談センターへ向かいました。そして労働相談センターでの相談の結果、M氏は**退職金を取り戻すための活路**を見出します。M氏は会社を退職する前に就業規則のコピーを取得していました。社長に直談判して、コピーを取っておいたのです。その就業規則はなぜか金庫室の中に厳重に保管されていました。皆さんは第3章の就業規則の項目（134頁）を覚えているでしょうか？

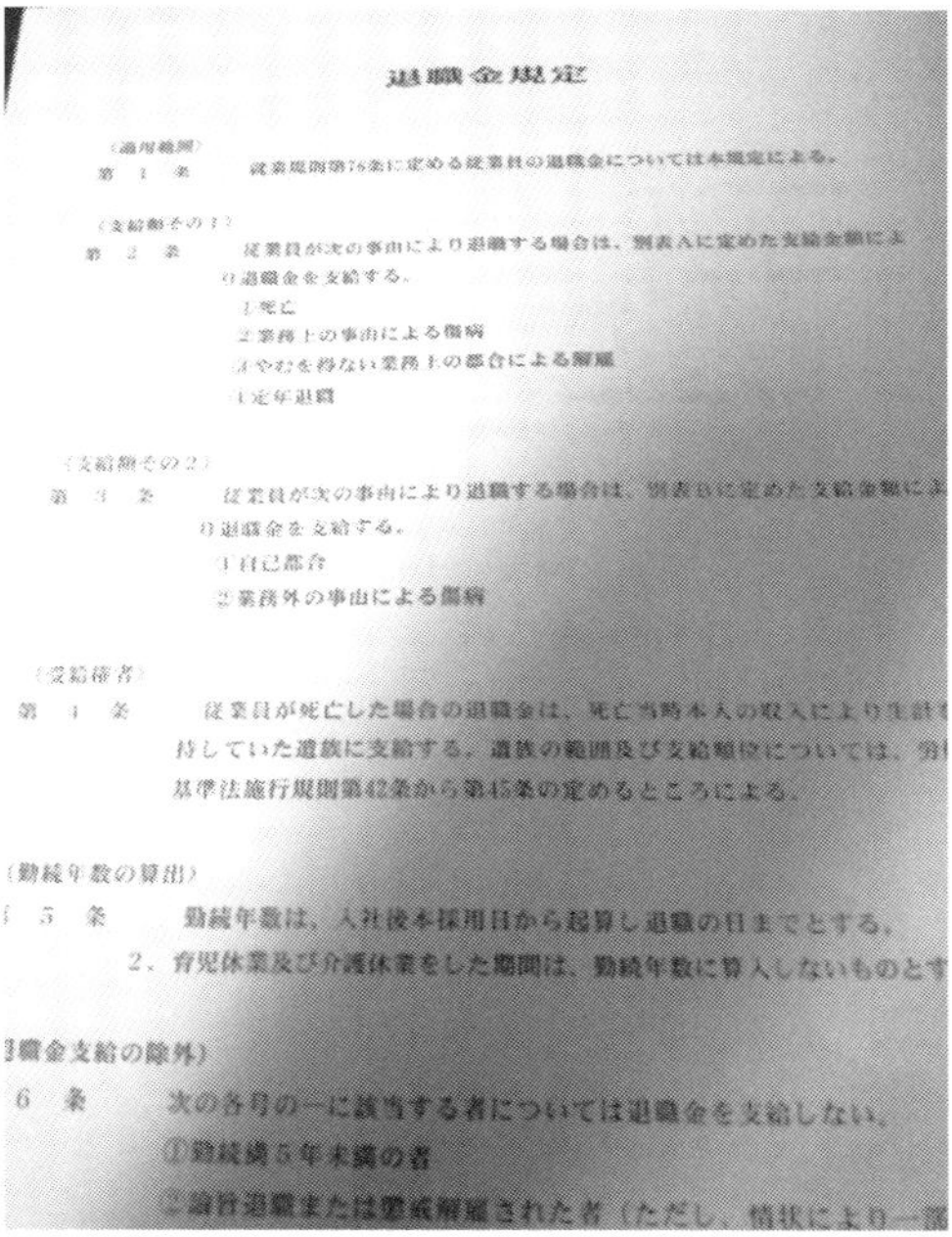
退職金規定

（適用範囲）
第1条　就業規則第76条に定める従業員の退職金については本規定による。

（支給額その1）
第2条　従業員が次の事由により退職する場合は、別表Aに定めた支給金額により退職金を支給する。
①死亡
②業務上の事由による傷病
③やむを得ない業務上の都合による解雇
④定年退職

（支給額その2）
第3条　従業員が次の事由により退職する場合は、別表Bに定めた支給金額によ
り退職金を支給する。
①自己都合
②業務外の事由による傷病

（受給権者）
第4条　従業員が死亡した場合の退職金は、死亡当時本人の収入により生計
持していた遺族に支給する。遺族の範囲及び支給順位については、労
基準法施行規則第42条から第45条の定めるところによる。

（勤続年数の算出）
5条　勤続年数は、入社後本採用日から起算し退職の日までとする。
2、育児休業及び介護休業をした期間は、勤続年数に算入しないものとす

職金支給の除外）
6条　次の各号の一に該当する者については退職金を支給しない。
①勤続満5年未満の者
②諭旨退職または懲戒解雇された者（ただし、情状により一部

ブラックメーカーの就業規則画像

・労働基準法第106条

就業規則は「常時各作業場の見やすい場所へ掲示し、又は備え付けること、

書面を交付することその他の厚生労働省令で定める方法によって、労働者に周知させなければならない」

このように規定されていましたよね。この時点でブラックメーカーはボロを出していたのです。ここからM氏の反撃が始まります。労働相談の中で職員の方はこのように言います。

「Mさん。従業員の権利として退職金はもらえますよ。持ってきて頂いた就業規則のこちらを見て下さい」

労働基準法第89条では「常時十人以上の労働者を使用する使用者は、次に掲げる事項について就業規則を作成し、行政官庁に届け出なければならない。次に掲げる事項を変更した場合においても、同様とする」となっていました。そして具体的な記載ではこのようになっています。

1　始業及び終業の時刻、休憩時間、休日、休暇並びに労働者を2組以上に分けて交替に就業させる場合においては就業時転換に関する事項

2　賃金（臨時の賃金等を除く。以下この号において同じ）の決定、計算及び支払の方法、賃金の締切り及び支払の時期並びに昇給に関する事項

3　退職に関する事項（解雇の事由を含む）

3の2　退職手当の定めをする場合においては、適用される労働者の範囲、退職手当の決定、計算及び支払の方法並びに退職手当の支払の時期に関する事項

……以下省略。

この具体的な記述の３の項目に注目してください。退職手当の定めをする場合においては、適用される労働者の範囲、退職手当の決定、計算及び支払の方法並びに退職手当の支払の時期に関する事項について定めなければならないとされています。**ブラックメーカーの就業規則では適用される労働者の範囲について記載がされていません**。また、労働者を従業員として統一しており、正社員や契約社員等の明確な範囲が決められていません。これはれっきとした労働基準法違反になります。従って、契約社員だったとしても退職金を取れるというのです。社長に嫌な顔をされながらも退職前にコピーした就業規則がこれからの請求で役立つことになりました。

社長へＴＥＬ

Ｍ氏は９月下旬の数日間で社長との面談、労働基準監督署へのＴＥＬ、労働相談センターへの訪問と精力的に行動しました。そして労働委員会で受け取ったアドバイスを元に社長へ電話をかけるのです。この時にＭ氏は**メモを用意して言いたいことをちゃんと言えるように準備**をしていました。相手は今まで何人もの退職金を支払わなかった強敵です。準備は抜かり無くＭ氏は社長へ電話をかけました。そしてこのように訴えるのです。

「退職金についてなんですが、この前の説明で納得がいかなかったので電話しました。退職前の社長の話だと勤続年数14年のB欄の金額を時間に見合った金額を計算して出しますということでしたよね。時間を集約して算出するのは勤続年数の価値が違うのでおかしと思います。それと就業規則には、パート、契約社員、正社員の区別はないので、パート部分を除くということは書いてないです。勤続年数を集約するとも、時間を割り引いて計算するとも書いてないですよね。これでは納得いかないので再度、算出してもらえませんか？　今週中に返事もらえますか？　公的な機関に相談しますのでいいですよね？」

　このM氏の訴えに社長はこのように反論するのです。

「そういう事は言っていない。相談については勝手にしろ」

　M氏はキレました。ここまで来たらもうあとには引けません。M氏はなんと新潟県庁にある労働委員会に電話をし、新潟県労働委員会を訪問することにしたのです。

労働委員会・あっせん

　労働委員会とは「労働組合法に基づいて設置された国の機関であり、同法及び労働関係調整法、特定独立行政法人等の労働関係に関する法律に基づき労働者が団結することを擁護し、及び労働関係の公正な調整を図ることを任務としており、労働争議の調整（あっせん、調停、仲裁）、不当労働行為事件の審査、労働組合の資格審査等を行なう機関」とされています。この

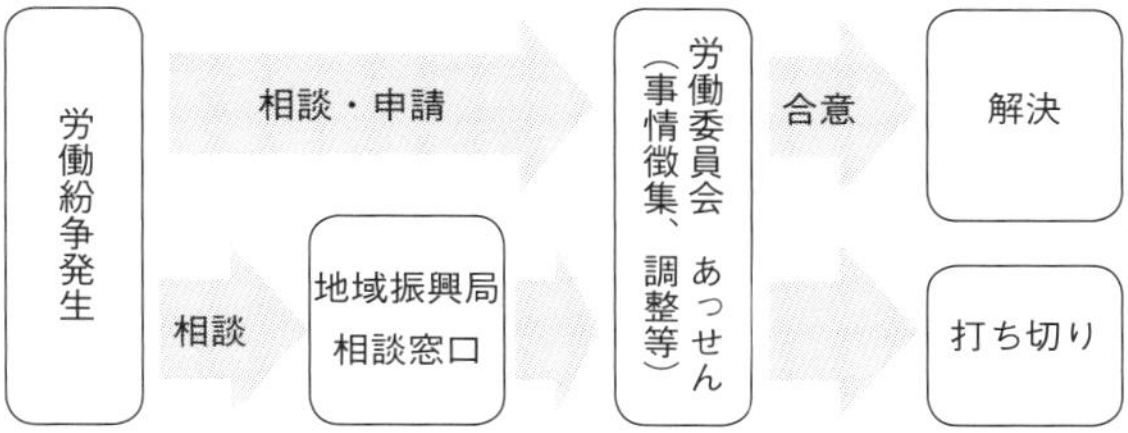

あっせんのイメージ

機関では会社に対してのあっせんを実施してくれるのです。

退職金約70万円の返還に成功！

新潟労働委員会での相談後、帰りの道中でＭ氏の電話が鳴りました。

相手はあの社長です。そして社長の口からついにこの言葉が発せられました。

「社会保険労務士と相談するから待ってください。また電話します」

今まで散々労働者をこき下ろしていた社長から出た懇願の言葉。Ｍ氏は勝利をここで確信したと言います。後日社長からこのようにＴＥＬがありました。

「解釈の仕方が違ったのはしょうがない。退職金を再計算してまた連絡します」

と。ここで諦めなかった「結果」が出ました。Ｍ氏の執念についに会社側が屈したのです。結局のところ、ここから退職金の額が算出されるまでに２、３回待ってくれという電話が入り、ついに適正な退職金が支払われることとなりました。

10月中旬。M氏はブラックメーカーに赴きました。応接室に通され、テーブルには賃金台帳の時間を全部たして、何年分になるか、計算した退職金が算出してありました。勤務時間を月々細かく計算し、再計算し、M氏が勤務した14年間を１日８時間勤務として計算すると、「９年」になりました。そして、14年の勤務の退職金が１０７万であるので、

・１０７万×９年÷14年＝69万円

という計算式になりました。退職金の合計額はなんと**69万円！**という結果になります。最初に提示された退職金18万円との差は「51万円」です。社長からこの額に納得したら退職金計算についてサインしてくれと言われます。M氏としては、69万円もらえるならばと納得し、書面にサインをしたのです。M氏はこれ以上ここでゴネるよりも新しい就職先を探すことが肝要だと考えたのでしょう。このように落とし所を見つけることも残業代、退職金請求において大切なことになります。後日、無事にM氏の口座には69万円が振り込まれていました。勤続14年の満額１０７万円をもらえなかったので「負け」だと思うか、退職金が51万円増額されたので「勝ち」だと思うか、感じ方は人それぞれと思います。しかし、ここに１つの事実があります。**行動をしたら残業代であれ、退職金であれ取り戻せる**ということです。

最終章
残業代を取り戻すその他の方法

最終章では今までの体験談では出てこなかった他の残業代請求方法の紹介、そして残業代請求の簡易プロセスを紹介していきます。

労働審判

まず、労働審判という制度です。裁判所によると労働審判とは、「解雇や給料の不払など、事業主と個々の労働者との間の労働関係に関するトラブルを、そのトラブルの実情に即し、迅速、適正かつ実効的に解決することが目的とされています。また、労働審判官（裁判官）1人と労働関係に関する専門的な知識と経験を有する労働審判員2人で組織された労働審判委員会が、個別労働紛争を、原則として3回以内の期日で審理し、適宜調停を試み、調停による解決に至らない場合には、事案の実情に即した柔軟な解決を図るための労働審判を行うという紛争解決手続です。労働審判に対して当事者から異議の申立てがあれば、労働審判はその効力を失い、労働審判事件は訴訟に移行します」としています。

この労働審判は**未払い残業代を払ってくれないブラック企業に対する「最終手段」**と言えるでしょう。先の体験談による手法を試しても効果がない。具体的には内容証明郵便を送っても音沙汰がない。あっせんを申請しても拒否する。地域労組に加入し、団体交渉を申し入れても受け付けない。これらのような手法を駆使しても効果が無い場合にこの労働審判という制度は有効なのです。この制度は、２００５年から新しく始まった制度ですが、早期に、迅速に終了するという特徴があります。日々の生活をこなしながら、残業代問題について取り組んでいくことはストレス負荷の高い作業です。それこそ通常の訴訟になってしまったら、費やす期間も長くなり、心身ともに疲弊してしまいます。そこでこの労働審判という制度の力が発揮されるのです。あくまでも、未払い残業代体験談で用いた手法の効果が発揮されなかった時に使う制度にはなりますがこの労働審判という制度があなたを守る最後の砦となってくれることでしょう。

本書では労働審判の具体的なプロセスまでは字数の関係上記述出来ないので、ダイヤモンド社から刊行されている『弁護士に頼らず１人でできる　未払い残業代を取り返す方法』を読んでみて下さい。この書籍では労働審判の具体的な内容やプロセスについて言及されているので、この段階まで来た読者には有用な本であると思います。

少額訴訟

次に、少額訴訟という制度を紹介します。裁判所によると、少額訴訟とは、「１回の期日で審理を終えて判決をすることを原則とする、特別な訴訟手続」とされています。また、次のような決まりがあります。

・60万円以下の金銭の支払を求める場合に限り利用することができる。
・原告の言い分が認められる場合でも分割払、支払猶予、遅延損害金免除の判決がされることがある。
・訴訟の途中で話合いにより解決することもできる（これを「和解」といいます）。
・判決書又は和解の内容が記載された和解調書に基づき、強制執行を申し立てることができる（少額訴訟の判決や和解調書等については、判決等をした簡易裁判所においても金銭債権（給料、預金等）に対する強制執行（少額訴訟債権執行）を申し立てることができる）。
・少額訴訟判決に対する不服申立ては、異議の申立てに限られる（控訴はできない）。

とされています。この少額訴訟は使い所が難しい部分ではあります。ですが**未払い残業代が60万円以内であり、先までの請求方法が通じない時にこちらを選ぶという選択肢もあり**だとは思います。また、簡易裁判所で傍聴もできるので興味がある方は調べてみるのもよいでしょう。

ワークリテラシー（work literacy）を身に付ける

今までの体験談で、体を限界まで酷使され死ぬ寸前までいった者、責任者に楯突いて迫害を受けた者、退職金を貰えずに辞めた者等、経営者に搾取されている労働者の一端を垣間見てきました。搾取されている労働者は私やＫ氏のような若年者だけでなくＭ氏のような40代、50代のベテラン労働者にもいます。年齢や性別関係なく、経営者に搾取されている労働者にはある特徴があります。その特徴とは、**知っていなければいけない「ルール」を知らない**ことです。その「ルール」とは今までに説明してきた労働法並びに働く上での法律のことです。しかし、これには仕方ない部分もあります。今の日本では義務教育や高校といった環境で労働に関する知識を学ぶ場面が全くといっていいほどありません。大学においても、法学部以外でも法律について学ぶことがあるとは思いますが、それにしても自発的に学ぶ意欲がなければ知ることすらできません。その結果、ワークリテラシーがない労働者が大量に生み出され、悪徳経営者の良いカモにされているのです。

　リテラシー。一番有名な言葉にインターネットリテラシーという言葉が挙げられます。インターネット用語辞典によると、インターネットリテラシーとは「情報ネットワークを正しく利用することができる能力」と定義されています。最近ではツイッターやミクシィ、フェイスブックといったＳＮＳにおいて一般人、芸能人問わずに不適切な発言をし、ニュースになることが頻発しています。例えば、衣料品チェーンストア「しまむら」の店員に土下座をさせ、その写真をツイッターにアップロードした人物は炎上したことにより強要罪で逮捕されることとなりました。また、未成年者や大学生では飲酒、喫煙、無免許運転、万引き……驚くことに業務用冷蔵庫の中に入るという迷惑行為をツイッターに投稿している若者もおり、問題になった事例は枚挙に暇がありません。これらの問題を起こした人々はインターネットリテラシーを身に付けていなかったからこそ起こった事件と言えるでしょう。

こと労働においても大本は一緒です。言うならば経営者に搾取されている労働者達は、

「ワークリテラシー」

「労働に関する知識を正しく利用する能力」

が欠如している人間だと言うことができます。もちろん私も残業代を取り戻すまではワークリテラシーが欠如している人間でした。しかし、今ではワークリテラシーを身に付けることができたと自負しています。私が読者の皆様に提供できることは残業代を取り戻した幾ばくかの経験則と少しばかりの労働に関する知識だけです。ぜひこの本を手にとったことをきっかけにワークリテラシーを身に付けていってください。今日の日本ではワークリテラシーを身に付けるしか自分を守る方法はありません。

日本の労働環境の劣悪さは深刻の一途を辿っています。私は日本の全労働者がワークリテラシーを身につけるためにこのような政策を提言します。例えば、**労働基準法の授業を義務教育に取り入れる**。小中学生の頃にあった職場体験では、実際には会社へ1日体験就業させ賃金を得るという実感を持たせ、子供の就労知識と意欲を高めさせる等の抜本的な対策が必要だと感じています。私がそう強く思うくらいに**労働者でワークリテラシーに熟知している人間は多くありません**。誰でも、平等に、自分自身が持つ権利を自覚させるためには義務教育

の段階でワークリテラシーを学ぶ。これこそがこれからの日本に必要なことではないでしょうか。

残業代請求の簡易プロセス

最後に簡単な残業代請求のプロセスを記していきます。請求方法は人それぞれかと思いますが、残業代請求プロセスの全体像を把握することは、残業代請求を取り戻す上でも重要なはずです。

1. 未払い残業代の発生

全てはここから始まります。残業代が支給されている企業であってもサービス残業が発生したが最後、毎日2時間、3時間と無給で延々と働かされる場合もあります。あなたは働いた分の残業代を取り戻したいですか？　ここで残業代を諦めるのか取り戻すために行動を起こすかはあなた次第です。

2. 残業代を取り戻す行動を開始

行動を起こすと決めたら毎日の出退勤記録を付けましょう。出退勤表ノートの作成、タイムカードのコピー、オフィスビルの入退館記録等、有用だと考えられうる証拠を用意し、日々の業務をこなしましょう。後ろに控える残業代請求のためにも。

3. 必要資料の用意

雇用契約書、就業規則、出退勤に際する証拠画像、サービス残業を容認する発言やセクハラ、パワハラまがいの発言を録音できれば残業代を取り戻す時の強力な武器となります。率先して資料を用意しましょう。

4. 内容証明郵便の送付

そしてここからが本当の戦いの始まりです。未払い残業代の請求期間は2年間までと決まっています（労基法第１１５条）。このような中でいつ動くのかを決める必要があります。2年間ギリギリまで働いてから請求するもよし。半年や1年という区切りで行動を起こすもよし。あなたの労働環境の中でベストの選択をしてください。そして腹が決まったら会社社長宛に内容証明郵便で残業代請求書を送りつけてやりましょう。また、第3章の体験談で登場したK氏のように、内容証明郵便ではなくとも会社宛に残業代請求書を送るだけで満額に近い残業代が取り戻せる場合があります。ここで残業代が取り戻せたのなら何もいうことはありません。内容証明郵便を送るだけで残業代を取り戻せた読者はラッキーと言えるでしょう。

その一方で内容証明郵便を送っただけで怖気づくブラック企業はそう多くはありません。そのような悪徳ブラック企業には息つく暇を与えず次の手段を講じることとしましょう。

5. あっせん

内容証明郵便のやり取りの結果、進展がなかった場合には労働委員会が行っているあっせんを申請してみましょう。M氏の項でも説明しましたがあっせんのメリットは非公開、そして完全無料で実施される制度であることです。また、労働問題について専門的知識が豊富なあっせん員の方が親身になってくれるので残業代請求問題の解決の糸口が見つかるかもしれません。

しかし、あっせんには残念ながら強制力がありません。従って、あっせんの要請に応じなかったり、その場では未払い残業代を払う姿勢を見せていてもいざ支払いの段階でちゃんと支払ってくれない等、後から態度を変え、払わないという可能性があります。これらのような極悪ブラック企業には同情の余地はありません。間髪入れずに次の行動を起こしましょう。

6. 地域労組加入・団体交渉

内容証明郵便のやり取りで進展がない。あっせんを行っても効果がない。このような場合は私と同様に、地域労組に加入し、団体交渉を行うと良いでしょう。内容証明郵便、あっせん、地域労組加入、団体交渉。このようなプロセスを踏むことによって何が何でも残業代を取り戻すまでは諦めないという強い意志をブラック企業に顕示することができます。ここまで来たら相手側が精も根も尽き果てるまで徹底的に活動することが肝要です。

しかし……しかし、それでも、残業代を払ってくれないというブラック企業があったとします。ここまで来たらあなたの全力をこの残業代請求問題に注ぎ込みましょう。そのためにやるステップは次の通りです。

7. 労働審判・少額訴訟

1. 未払い残業代の発生
2. 残業代を取り戻す行動開始
3. 必要資料用意
4. 内容証明郵便送付
5. あっせん
6. 地域労組加入・団体交渉
7. 労働審判・少額訴訟

残業代を取り戻すフローチャート

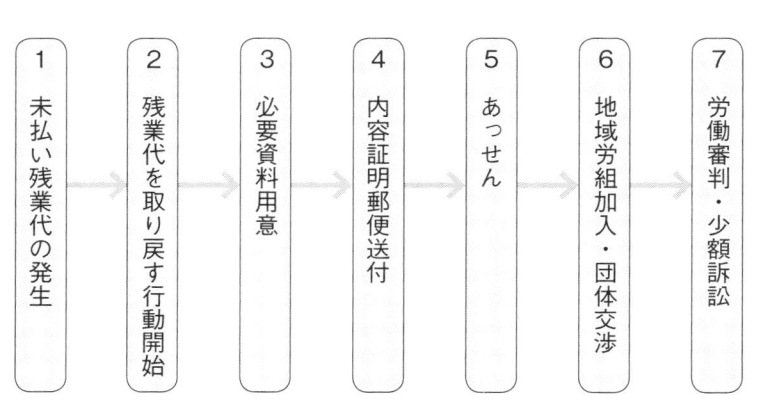

労働審判、少額訴訟。どちらを選ぶかの基準は未払い残業代の請求額によります。請求額が60万以上の場合は労働審判。60万以下の場合は少額訴訟とあなたの状況により使い分けて闘って下さい。

1～7までのステップを重ねれば**ほぼ確実に未払い残業代を取り戻せる**ことでしょう。もちろんあっせんは行わずに団体交渉へ移行する、団体交渉は行わずに労働審判を行う等、状況によりプロセスを使い分けても問題ありません。今まで支払われてこなかった残業代を取り戻して下さい！

おわりに
——自分の人生を切り開くために

今までに３人の残業代請求体験談を垣間見てきました。私、Ｋ氏、Ｍ氏。それぞれの働いている業界も職種も違います。私達３人の体験談からあなたは何を読み取ったでしょうか？　幸か不幸か３人の話を読み進めたことによってあなたの労働に関する知識はこの本を手に取る前よりも格段に身についています。残業代請求は例えるならロールプレイングゲームの大ボスを倒す感覚に似ています。ゲームでも大ボスを倒すためには強い武器や防具が必要になります。本書を通じて皆さんの手に大ボス（残業代請求をする会社）を倒すための武器（行動する勇気）と防具（残業代請求の知識）が手に入ったことと思います。この武器と防具をどのように活かすかはあなた次第です。武器と防具を装備して大ボスを討伐にいくもよし。大ボスが向かってくるまでに更に武器や防具を強化するのもよし。様々な労働環境に置かれている読者の方の選択肢が広がり、その結果、大ボスを倒せる一助になってくれれば著者としてこれほど嬉しい事はありません。また、その体験が成功体験になって欲しいと思います。

「成功体験」。あなたは今までの人生を振り返って何かを成し遂げた、達成したという経験はありますか？　カナダの心理学者アルバート・バンデューラは外界の事柄に対し、自分が何らかの働きかけをすることが可能であるという感覚を「自己効力感」という言葉で定義しています。この「自己効力感」は成功体験を経験することによって得られるものです。もし、本書を手にとったあなたが成功体験を得られていないのであれば、未払い残業代請求を成功させることでこの「成功体験」を得られます。

「自分が残業代請求なんてできる訳がない」「私には無理です」

これらのような考えを持っている方が未払い残業代を勝ち取ることで成功体験を得られると考えています。あなたが人生において壁にぶち当たった時、にっちもさっちも行かない時、ブラック企業から未払い残業代を勝ち取った時のことを思い出して下さい。あなたは成功した。やりきった。未払い残業代を勝ち取ったという成功体験は将来何かを成そうとする時大きな「力」になるはずです。失敗を恐れることは何もありません。未払い残業代請求という成功体験から新しい未来を切り開いていって下さい！　皆さんのご健闘を心より願っています。

本書の執筆にあたり、多くの方々のお世話になりました。執筆のきっかけを作っていただいた『Aamzon 輸出入門』の著者である山村敦先生には感謝の言葉もありません。また私の稚拙な出版企画書を無料で拝読して頂き、出版を後押ししてくださった出版塾塾長の畑田洋行先生には含蓄のあるアドバイスを頂くことができ、執筆のモチベーションを得ることができました。そして、第3章で残業代請求体験を語って頂いた友人のK氏。第4章で退職金トラブルについて語ってくれたM氏の協力がなければ本書は存在していません。地域労組の方々にも様々なアドバイスを頂くことができました。さらには花伝社の平田勝社長。担当編集の水野宏信さん。

本を書いたことがない自分への多大なるアドバイスのおかげで本書は読者に読まれる形になりました。

本書が出版されるにあたり、本当に大勢の方々にお世話になりました。全員の名前を挙げることは出来ませんが、応援・協力してくださった全ての方々に改めてお礼を申しあげます。皆さん、本当にありがとうございました。

２０１４年４月

横山　祐太

文献一覧

参考文献

フジテレビ系列「フリーター、家を買う。」（２０１０）

久恒啓一（２０１０）『遅咲き偉人伝――人生後半に輝いた日本人』ＰＨＰエディターズグループ

佐藤広一　佐川明生著（２０１０）『未払い残業代請求にはこう対応する――あなたの会社も他人事ではない！』アニモ出版

ブラック企業大賞実行委員会編（２０１３）『マンガでわかるブラック企業　人を使い捨てる会社に壊されないために』合同出版

日本テレビ系列「ダンダリン　労働基準監督官」（２０１３）

ＴＢＳ系列「半沢直樹」（２０１３）

山崎直子著（１９９５）『沈まぬ太陽』新潮文庫

古川琢也著（２０１３）『ブラック企業完全対策マニュアル』晋遊舎新書

今野晴貴著（２０１３）『ヤバイ会社の餌食にならないための労働法』幻冬舎文庫

村林俊之　中田成徳編（２０１１）『未払い残業代をめぐる法律と実務』日本加除出版

松本健一著（２０１１）『弁護士に頼らず１人でできる　未払い残業代を取り返す方法　手数料５

０００円で１００万円回収するポイントと手続き』ダイヤモンド社
森功著（２０１０）『ヤメ検――司法エリートが利欲に転ぶとき』新潮文庫
末川博編（１９６７）『法学入門』有斐閣双書
宮入小夜子（２０１３）『社会人との対話が学生の職業観・勤労観の形成に与える影響～キャリア教育に関する準実験による実践的研究～』日本橋学館大学紀要第１２号
古川琢也「『廃棄原稿を入力しろ』 現役社員が語る文芸社〝追い出し部屋〟の手口」My News Japan ２０１３年４月５日記事

引用文献

吉幾三（１９８４）「俺ら東京さ行ぐだ」
厚生労働省「勤務医の給料」と「開業医の収支差額」について http://www.mhlw.go.jp/bunya/iryouhoken/iryouhoken12/iryouhoushu.html
過労死ライン（２０１０-０５-２５ 朝日新聞 夕刊 １社会）
厚生労働省「時間外労働の限度に関する基準」 http://www.mhlw.go.jp/new-info/kobetu/roudou/gyousei/kantoku/dl/040324-4.pdf
佐藤広一 佐川明生著（２０１０）『未払い残業代請求にはこう対応する――あなたの会社も他人事ではない！』アニモ出版 (p.126－127, p.146－147)
ブラック企業大賞実行委員会編（２０１３）『マンガでわかるブラック企業 人を使い捨てる会社

に壊されないために』合同出版（p.224－225）
丸栄西野事件（大阪地裁。２００８年1月11日判決）
グループウェア（ASCII.jp デジタル用語辞典）
サザンオールスターズ（２０１３）「栄光の男」
日本郵便株式会社「内容証明」http://www.post.japanpost.jp/service/fuka_service/syomei/
日本郵便株式会社「配達証明」http://www.post.japanpost.jp/service/fuka_service/haitatsu/

参考

「割増賃金の基礎となる賃金とは?・厚生労働省」http://www.mhlw.go.jp/new-info/kobetu/roudou/gyousei/kantoku/dl/040324-5a.pdf
団体交渉（日本大百科全書）
労働組合法（日本大百科全書）
東京労働局「３６協定の締結当事者となる過半数代表者の適正な選出を!」http://tokyo-roudoukyoku.jsite.mhlw.go.jp/var/rev0/0131/4645/201274152517.pdf
東京労働局「1年単位の変形労働時間制導入の手引」http://tokyo-roudoukyoku.jsite.mhlw.go.jp/library/tokyo-roudoukyoku/roudou/jikan/pamphlet/change_year.pdf
ＮＨＫ　ＢＩＺニュース（２０１３年1月15日）
インターネットリテラシー（インターネット用語辞典）

今野晴貴著（２０１３）『ヤバイ会社の餌食にならないための労働法』幻冬舎文庫（p.116－119）

新潟県労働委員会事務局作成『個別労働関係紛争あっせんの手引』

裁判所　労働審判手続き http://www.courts.go.jp/saiban/syurui_minzi/minzi_02_03/

裁判所　少額訴訟 http://www.courts.go.jp/saiban/syurui_minzi/minzi_04_02_02/

付録

付録1　残業代請求で重要になる労働基準法条文一覧表

この付録を見ることによってブラック企業がどの労働基準法に違反しているかを確認することができます。内容証明郵便への挿入文等にご活用ください。

・労働基準法第13条

「この法律で定める基準に達しない労働条件を定める労働契約は、その部分については無効とする。この場合において、無効となった部分は、この法律で定める基準による」

・労働基準法第15条1項

「使用者は、労働契約の締結に際し、労働者に対して賃金、労働時間、その他の労働条件を明示しなければならない。この場合において、賃金及び労働時間に関する事項その他の厚生労働省令で定める事項については、厚生労働省令で定める方法により明示しなければならない」

・労働基準法第23条

「使用者は、労働者の死亡又は退職の場合において、権利者の請求があった場合においては、7日以内に賃金を支払い、積立金、保証金、貯蓄金その他名称の如何を問わず、労働者の権利に属する金品を返還しなければならない」

・労働基準法第32条

「使用者は、労働者に、休憩時間を除き1週間について40時間を超えて、労働させてはならない。使用者は、1週間の各日については、労働者に、休憩時間を除き1日について8時間を超えて、労働させてはならない。使用者は、当該事業場に、労働者の過半数で組織する労働組合がある場合においてはその労働組合、労働者の過半数で組織する労働組合がない場合においては労働者の過半数を代表する者との書面による協定により、又は就業規則その他これに準ずるものにより、1ヵ月以内の一定の期間を平均し1週間当たりの労働時間が前条第1項の労働時間を超えない定めをしたときは、同条の規定にかかわらず、その定めにより、特定された週において同項の労働時間又は特定された日において同条第2項の労働時間を超えて、労働させることができる」

・労働基準法第34条

「使用者は、労働時間が6時間を超える場合においては少なくとも45分、8時間を超える場合においては少なくとも1時間の休憩時間を労働時間の途中に与えなければならない。前項の休憩時間は、一斉に与えなければならない。ただし、当該事業場に、労働者の過半数で組織する労働組合がある場合においてはその労働組合、労働者の過半数で組織する労働組合がない場合においては労働者の過半数を代表する者との書面による協定があるときは、この限りでない。使用者は、第1項の休憩時間を自由に利用させなければならない」

・労働基準法第36条

「使用者は、当該事業場に、労働者の過半数で組織する労働組合がある場合においてはその労働組合、労働者の過半数で組織する労働組合がない場合においては労働者の過半数を代表する者との書面による協定をし、これを行政官庁に届け出た場合においては、第32条から第32条の5まで若しくは第40条の労働時間（以下この条において「労働時間」という）又は前条の休日（以下この項において「休日」という）に関する規定にかかわらず、その協定で定めるところによって労働時間を延長し、又は休日に労働させることができる。ただし、坑内労働その他厚生労働省令で定める健康上特に有害な業務の労働時間の延長は、1日について2時間を超えてはならない」

・労働基準法第37条

「使用者が、第33条又は前条第1項の規定により労働時間を延長し、又は休日に労働させた場合においては、その時間又はその日の労働については、通常の労働時間又は労働日の賃金の計算額の2割5分以上5割以下の範囲内でそれぞれ政令で定める率以上の率で計算した割増賃金を支払わなければならない。ただし、当該延長して労働させた時間が1ヵ月について60時間を超えた場合においては、その超えた時間の労働については、通常の労働時間の賃金の計算額の5割以上の率で計算した割増賃金を支払わなければならない」

・労働基準法第39条1項

「使用者は、その雇入れの日から起算して6ヵ月間継続勤務し全労働日の8割以上出勤した労働者に対して、継続し、又は分割した10労働日の有給休暇を与えなければならない」

・労働基準法第39条5項

「使用者は、前各項の規定による有給休暇を労働者の請求する時季に与えなければならない。ただし、請求された時季に有給休暇を与えることが事業の正常な運営を妨げる場合においては、他の時季にこれを与えることができる」

・労働基準法第41条

「この章、第6章及び第6章の2で定める労働時間、休憩及び休日に関する規定は、次の各号の1に該当する労働者については適用しない」

1　別表第1第6号（林業を除く）又は第7号に掲げる事業に従事する者

2　事業の種類にかかわらず監督若しくは管理の地位にある者又は機密の事務を取り扱う者

3　監視又は断続的労働に従事する者で、使用者が行政官庁の許可を受けたもの

・労働基準法第89条

「常時10人以上の労働者を使用する使用者は、次に掲げる事項について就業規則を作成し、行政官庁に届け出なければならない。次に掲げる事項を変更した場合においても、同様とする」

1　始業及び終業の時刻、休憩時間、休日、休暇並びに労働者を2組以上に分けて交替に就業させる場合においては就業時転換に関する事項

2　賃金（臨時の賃金等を除く。以下この号において同じ）の決定、計算及び支払の方法、賃金の締切り及び支払の時期並びに昇給に関する事項

3　退職に関する事項（解雇の事由を含む）

3の2　退職手当の定めをする場合においては、適用される労働者の範囲、退職手当の決定、計

算及び支払の方法並びに退職手当の支払の時期に関する事項

４　臨時の賃金等（退職手当を除く）及び最低賃金額の定めをする場合においては、これに関する事項

５　労働者に食費、作業用品その他の負担をさせる定めをする場合においては、これに関する事項

６　安全及び衛生に関する定めをする場合においては、これに関する事項

７　職業訓練に関する定めをする場合においては、これに関する事項

８　災害補償及び業務外の傷病扶助に関する定めをする場合においては、これに関する事項

９　表彰及び制裁の定めをする場合においては、その種類及び程度に関する事項

10　前各号に掲げるもののほか、当該事業場の労働者のすべてに適用される定めをする場合においては、これに関する事項

・労働基準法第１０６条

就業規則は「常時各作業場の見やすい場所へ掲示し、又は備え付けること、書面を交付することその他の厚生労働省令で定める方法によって、労働者に周知させなければならない」

・労働基準法第１１４条

「裁判所は、第20条、第26条若しくは第37条の規定に違反した使用者又は第39条第７項の規定による賃金を支払わなかつた使用者に対して、労働者の請求により、これらの規定により使用者が支払わなければならない金額についての未払金のほか、これと同一額の付加金の支払を命ずることがで

きる。ただし、この請求は、違反のあった時から2年以内にしなければならない」

・労働基準法１１５条

「この法律の規定による賃金（退職手当を除く。）、災害補償その他の請求権は2年間、この法律の規定による退職手当の請求権は5年間行わない場合においては、時効によって消滅する」

・労働組合法第６条

「労働組合の代表者又は労働組合の委任を受けた者は、労働組合又は組合員のために使用者又はその団体と労働協約の締結その他の事項に関して交渉する権限を有する」

・民法第１５３条

「催告は、６ヵ月以内に、裁判上の請求、支払督促の申立て、和解の申立て、民事調停法若しくは家事事件手続法による調停の申立て、破産手続参加、再生手続参加、更生手続参加、差押え、仮差押え又は仮処分をしなければ、時効の中断の効力を生じない」

・商法第５１４条

「商行為によって生じた債務に関しては、法定利率は、年６分とする」

・賃金の支払の確保等に関する法律第６条

「事業主は、その事業を退職した労働者に係る賃金（退職手当を除く。以下この条において同じ。）の全部又は一部をその退職の日（退職の日後に支払期日が到来する賃金にあっては、当該支払期日。以下この条において同じ）までに支払わなかった場合には、当該労働者に対し、当該退職の日の翌日からその支払をする日までの期間について、その日数に応じ、当該退職の日の経過後まだ支払われていない賃金の額に年14・6パーセントを超えない範囲内で政令で定める率を乗じて得た金額を遅延利息として支払わなければならない」

付録2　今すぐ使える労働基準法違反申告書（労基提出用）

私が労働基準監督署に提出用に作成した雛形となります。結局提出はしませんでしたが個々の環境によって労働基準監督署へ書類を提出することもあると思うので参考にしてください。

である。

とされているものの、基本になる月間所定労働時間は示されていない。年間所定休日は被申告人が申告人に休日を指定した日数から割り出すと平成24年の年間の所定休日は95日である。

2　時間外手当の定め

上記より推し量ると、被申告人においては、月間所定労働日22・5日、月間所定労働時間180時間であることがわかる。支給明細書から月例賃金（基本給18万0000円、職務給2万9000円）は20万9000円であるから、時給は1157円、時間外単価は1446円となる。

被申告人は、毎月「残業給」と称して41,052円を支払っているから、これが単純時間外賃金とすればおよそ28時間分に該当し、法定休日割増を数時間含んでいるとすれば、単純時間外は20数時間分と考えられる。しかし、申告人が行った実際の時間外労働の割増賃金には遠く及ばない。

3　支払日の定め

被申告人における賃金は、毎月20日締めの翌月5日払いである（添付資料2。給与明細書）。なお、被申告人がいう毎月20日締めというのは、一般的に時間外賃金の請求など不確定な請求を前提にしているものである。月給制の下での賃金支払いは、決められた月額を支払う。被申告人は月給制であるから、4月分賃金（5月2日支払い）は20万9000円が支払われるところが、これに違反して支払っている。

また、申告人は6月26日に退職したにもかかわらず、最終の所定支払日を過ぎても、下記のとおり退職者未払賃金が残されている。これは重大な労基法違反である。

第3　申告人が支払いを受けるべき時間外労働

1　申告人は、平成24年4月1日から平成24年6月26日までの3ヵ月間に、添付資料3～5記載の勤務を行った（残業代計算表・出退勤ノート・在籍状況がわかる証拠画像など）。にもかかわらず、被申告人は申告人に対し正しい時間外割増賃金を支払っていない（添付資料2。給与明細書）。

第4　結語

よって、申告の趣旨記載のとおり被申告人は重大な労基法違反を行っているから、すみやかに是正指導をお願いしたい。

添付資料

1　リクナビ2013求人情報

2　給与明細書4～6月分

3　その他賃金支払いに関する被申告人の見解など（会社弁護士による見解など）。

4　残業代計算表

5　出退勤ノート

6　在籍していることや就労実態がわかる画像

労働基準法違反申告書

〒○○○-○○○○　大阪市○○　申告人　横山祐太
〒○○○-○○○○　大阪市○○　被申告人　株式会社○○　代表取締役　○○

平成○年○月○日　右申告人　横山祐太

○○労働基準監督署長　殿

申告の趣旨

1　申告人は、被申告人の事業場で働く際に労働契約書を交わさず、就業規則も開示されずに働いてきた。これは労働基準法15条に違反するものである。また、同法32条に違反する違法な時間外労働が日常的に行われ、かつ、同法37条に違反して、申告人に正しく時間外手当を支払っていない。これらのことは働くものの権利を侵害するものであるので、厳正な指導により、被申告人の右法令違反状態をすみやかに改善されたい。

なお、被申告人が支払っている時間外賃金は、資料から見られるとおり1労働日につきおよそ1時間程度でそれ以上は支払っていない。

2　また、申告人に対し、平成24年4月から平成24年6月までの未払残業手当金560,891円を遡って支払うよう、指導されたい。

申告の事情

第1　当事者

1　申告人は、昭和63年1月11日生の男性で、平成24年4月1日から6月26日まで勤務していた者である。

2　被申告人は、上記所在地において自社マンションの販売等を営む株式会社であり、従業員約60名を使用している。

第2　被申告人における所定労働時間と所定休日

1　所定労働時間の定め

被申告人のリクナビ2013による求人情報（添付資料1）によれば、被申告人における所定労働時間は、1日8時間（始業午前10時、終業19時、休憩時間1時間）である。

また、所定休日は、

(1)　毎週水曜日

(2)　第1、第3火曜日

(3)　年末年始（*一般的には12月30日、同31日、1月1日、同2日、同3日であるが被申告人では明確にされていない）

(4)　ゴールデンウィーク

(5)　夏期休暇

(6)　その他会社が指定した日

付録３　全国労働相談連絡先一覧表

様々な労働組合等で労働相談ができる連絡先について紹介しましたが改めて詳しい連絡先を記載します。１つの労働相談機関に邪険にされたからといって諦めずにいくつも回ってみてください。あなたを助けてくれる機関がきっと見つかります。

・全労連系労働組合　http://www.zenroren.gr.jp/jp/　労働相談ホットライン　ＴＥＬ：０１２０―３７８―０６０
・連合系労働組合　http://www.jtuc-rengo.or.jp/　労働相談　ＴＥＬ：０１２０―１５４―０５２
・全労協系労働組合法　http://www.zenrokyo.org/　労働相談ＴＥＬ：０１２０―５０１―５８１
・日本労働弁護団　http://roudou-bengodan.org/　労働ホットライン＝各地域に点在。ＨＰ参照
・ＮＰＯ法人ＰＯＳＳＥ　http://www.npoposse.jp　労働相談＝東京、京都、仙台に相談窓口あり。ＨＰ参照。
・東京都労働１１０番　http://www.hataraku.metro.tokyo.jp/sodan/rodosodan/
・厚生労働省　総合労働相談コーナーのご案内　労働相談＝全国に点在。ＨＰ参照。　http://www.mhlw.go.jp/general/seido/chihou/kaiketu/soudan.html
・厚生労働省　全国労働基準監督署の所在案内　http://www.mhlw.go.jp/bunya/roudoukijun/location.html
・厚生労働省　都道府県労働委員会所在地一覧（無料相談窓口が全国にあり）　http://www.mhlw.

go.jp/churoi/chihou/pref.html

・新潟県労働委員会　http://www.pref.niigata.lg.jp/roudoui/

横山 祐太（よこやま ゆうた）

1988年、新潟県に生まれる。加茂暁星高校卒業。文京学院大学人間学部心理学科入学、同大学から3年次転入学を経て、立命館大学文学部人文学科心理学専攻を卒業。新卒入社したブラック企業から3ヵ月間の未払い残業代50万円を取り戻すことに成功。この経験から友人の未払い残業代160万円回収にも協力。1人でも多くの労働者が未払い残業代を勝ち取れるよう願っている。

ブラック企業から残業代を取り戻す――若者の逆襲

2014年4月25日　初版第1刷発行

著者 ―――― 横山祐太
発行者 ――― 平田　勝
発行 ―――― 花伝社
発売 ―――― 共栄書房
〒101-0065　東京都千代田区西神田2-5-11 出版輸送ビル2F
電話　03-3263-3813
FAX　03-3239-8272
E-mail　kadensha@muf.biglobe.ne.jp
URL　http://kadensha.net
振替　00140-6-59661
装幀 ―――― 黒瀬章夫（ナカグログラフ）
イラスト ―― 平田真咲
印刷・製本 ―― 中央精版印刷株式会社

ISBN 978-4-7634-0699-6 C0036

希望社会の実現

宇都宮健児　著

本体価格　1200 円

●安倍政権の暴走にストップを！　東京を希望のまちに。
憲法を守り、活かす。ぬくもりのある社会の実現を。東京を働きやすく暮らしやすいまちに。 東京から平和の発信を！